国家电网有限公司
危险化学品安全管理规定汇编

国家电网有限公司安全监察部　编

中国电力出版社
CHINA ELECTRIC POWER PRESS

图书在版编目（CIP）数据

国家电网有限公司危险化学品安全管理规定汇编／国家电网有限公司安全监察部编. —北京：中国电力出版社，2021.11（2021.12 重印）
ISBN 978-7-5198-6177-3

Ⅰ．①国…　Ⅱ．①国…　Ⅲ．①电力工业–工业企业–化工产品–危险物品管理–法规–汇编–中国　Ⅳ．①D922.149

中国版本图书馆 CIP 数据核字（2021）第 234596 号

出版发行：中国电力出版社
地　　址：北京市东城区北京站西街 19 号（邮政编码 100005）
网　　址：http://www.cepp.sgcc.com.cn
责任编辑：薛　红
责任校对：黄　蓓　李　楠
装帧设计：张俊霞
责任印制：石　雷

印　　刷：三河市万龙印装有限公司
版　　次：2021 年 11 月第一版
印　　次：2021 年 12 月北京第三次印刷
开　　本：710 毫米×1000 毫米　16 开本
印　　张：12
字　　数：200 千字
印　　数：17001—19000 册
定　　价：58.00 元

编 制 说 明

　　近年来，国内危险化学品（简称危化品）重特大安全事故频发，特别是天津港"8·12"爆炸事故、河北张家口"11·28"爆燃事故、江苏响水"3·21"爆炸事故，造成了巨大人员伤亡和财产损失。为进一步贯彻《危险化学品安全管理条例》（中华人民共和国国务院令第 591 号）要求，针对国家电网有限公司（简称公司）系统所涉危化品总体种类多、部分单品使用量大、管理环节多、应用领域广、安全风险大的特点，坚持"夯基础、强管理"的宗旨，公司安监部组织编制了"1+5"危化品规章制度（1 个危化品安全管理办法+5 个特殊品类危化品安全管理工作规范），健全了公司危化品安全管理制度体系，规范了工作流程，明晰了职责界面，以提升安全管理水平。

　　本书将国家相关法规、部颁规章和公司"1+5"危化品制度体系汇集成册，包括《危险化学品安全管理条例》《危险化学品重大危险源监督管理暂行规定》《危险化学品生产企业安全生产许可证实施办法》《危险化学品建设项目安全监督管理办法》《易制毒化学品管理条例》《民用爆炸物品安全管理条例》，以及《国家电网有限公司危险化学品安全管理办法（试行）》《国家电网有限公司民用爆炸物品安全管理工作规范（试行）》《国家电网有限公司剧毒、易制毒及易制爆化学品安全管理工作规范（试行）》《国家电网有限公司酸碱类危险化学品安全管理工作规范（试行）》《国家电网有限公司实验室试剂类危险化学品安全管理工作规范（试行）》《国家电网有限公司六氟化硫气体安全管理工作规范（试行）》等内容，为各单位危化品安全管理工作提供了法律法规、制度规定等文件依据，方便从业人员深入学习、全面掌握危化品安全管理标准和要求，杜绝危化品安全事故。

编　者

2021 年 10 月

目　录

第1部分

国家相关法规和部颁规章

1. 危险化学品安全管理条例

危险化学品安全管理条例

中华人民共和国国务院令

第 591 号

《危险化学品安全管理条例》已经 2011 年 2 月 16 日国务院第 144 次常务会议修订通过，现将修订后的《危险化学品安全管理条例》公布，自 2011 年 12 月 1 日起施行。

总理　温家宝

二〇一一年三月二日

危险化学品安全管理条例

（2002 年 1 月 26 日中华人民共和国国务院令第 344 号公布，
2011 年 2 月 16 日国务院第 144 次常务会议修订通过）

第一章　总　　则

第一条　为了加强危险化学品的安全管理，预防和减少危险化学品事故，保障人民群众生命财产安全，保护环境，制定本条例。

第二条　危险化学品生产、储存、使用、经营和运输的安全管理，适用本条例。

废弃危险化学品的处置，依照有关环境保护的法律、行政法规和国家有关规定执行。

第三条　本条例所称危险化学品，是指具有毒害、腐蚀、爆炸、燃烧、助燃等性质，对人体、设施、环境具有危害的剧毒化学品和其他化学品。

危险化学品目录，由国务院安全生产监督管理部门会同国务院工业和信息化、公安、环境保护、卫生、质量监督检验检疫、交通运输、铁路、民用航空、农业主管部门，根据化学品危险特性的鉴别和分类标准确定、公布，并适时调整。

第四条　危险化学品安全管理，应当坚持安全第一、预防为主、综合治理的方针，强化和落实企业的主体责任。

生产、储存、使用、经营、运输危险化学品的单位（以下统称危险化学品单位）的主要负责人对本单位的危险化学品安全管理工作全面负责。

危险化学品单位应当具备法律、行政法规规定和国家标准、行业标准要求的安全条件，建立、健全安全管理规章制度和岗位安全责任制度，对从业人员进行安全教育、法制教育和岗位技术培训。从业人员应当接受教育和培训，考核合格后上岗作业；对有资格要求的岗位，应当配备依法取得相应资格的人员。

第五条　任何单位和个人不得生产、经营、使用国家禁止生产、经营、使用的危险化学品。

国家对危险化学品的使用有限制性规定的，任何单位和个人不得违反限制性规定使用危险化学品。

第六条　对危险化学品的生产、储存、使用、经营、运输实施安全监督管理的有关部门（以下统称负有危险化学品安全监督管理职责的部门），依照下列规定履行职责：

（一）安全生产监督管理部门负责危险化学品安全监督管理综合工作，组织确定、公布、调整危险化学品目录，对新建、改建、扩建生产、储存危险化学品（包括使用长输管道输送危险化学品，下同）的建设项目进行安全条件审查，核发危险化学品安全生产许可证、危险化学品安全使用许可证和危险化学品经营许可证，并负责危险化学品登记工作。

（二）公安机关负责危险化学品的公共安全管理，核发剧毒化学品购买许可证、剧毒化学品道路运输通行证，并负责危险化学品运输车辆的道路交通安全管理。

（三）质量监督检验检疫部门负责核发危险化学品及其包装物、容器（不包括储存危险化学品的固定式大型储罐，下同）生产企业的工业产品生产许可证，并依法对其产品质量实施监督，负责对进出口危险化学品及其包装实施检验。

（四）环境保护主管部门负责废弃危险化学品处置的监督管理，组织危险化学品的环境危害性鉴定和环境风险程度评估，确定实施重点环境管理的危险化学品，负责危险化学品环境管理登记和新化学物质环境管理登记；依照职责分工调查相关危险化学品环境污染事故和生态破坏事件，负责危险化学品事故现场的应急环境监测。

（五）交通运输主管部门负责危险化学品道路运输、水路运输的许可以及运输工具的安全管理，对危险化学品水路运输安全实施监督，负责危险化学品道路运输企业、水路运输企业驾驶人员、船员、装卸管理人员、押运人员、申报人员、集装箱装箱现场检查员的资格认定。铁路主管部门负责危险化学品铁路运输的安全管理，负责危险化学品铁路运输承运人、托运人的资质审批及其运输工具的安全管理。民用航空主管部门负责危险化学品航空运输以及航空运输企业及其运输工具的安全管理。

（六）卫生主管部门负责危险化学品毒性鉴定的管理，负责组织、协调危险化学品事故受伤人员的医疗卫生救援工作。

（七）工商行政管理部门依据有关部门的许可证件，核发危险化学品生产、储存、经营、运输企业营业执照，查处危险化学品经营企业违法采购危险化学品的行为。

（八）邮政管理部门负责依法查处寄递危险化学品的行为。

第七条 负有危险化学品安全监督管理职责的部门依法进行监督检查，可以采取下列措施：

（一）进入危险化学品作业场所实施现场检查，向有关单位和人员了解情况，查阅、复制有关文件、资料。

（二）发现危险化学品事故隐患，责令立即消除或者限期消除。

（三）对不符合法律、行政法规、规章规定或者国家标准、行业标准要求的设施、设备、装置、器材、运输工具，责令立即停止使用。

（四）经本部门主要负责人批准，查封违法生产、储存、使用、经营危险化学品的场所，扣押违法生产、储存、使用、经营、运输的危险化学品以及用于违法生产、使用、运输危险化学品的原材料、设备、运输工具。

（五）发现影响危险化学品安全的违法行为，当场予以纠正或者责令限期改正。

负有危险化学品安全监督管理职责的部门依法进行监督检查，监督检查人员不得少于 2 人，并应当出示执法证件；有关单位和个人对依法进行的监督检查应当予以配合，不得拒绝、阻碍。

第八条 县级以上人民政府应当建立危险化学品安全监督管理工作协调机制，支持、督促负有危险化学品安全监督管理职责的部门依法履行职责，协调、解决危险化学品安全监督管理工作中的重大问题。

负有危险化学品安全监督管理职责的部门应当相互配合、密切协作，依法加强对危险化学品的安全监督管理。

第九条 任何单位和个人对违反本条例规定的行为，有权向负有危险化学品安全监督管理职责的部门举报。负有危险化学品安全监督管理职责的部门接到举报，应当及时依法处理；对不属于本部门职责的，应当及时移送有关部门处理。

第十条 国家鼓励危险化学品生产企业和使用危险化学品从事生产的企业采用有利于提高安全保障水平的先进技术、工艺、设备以及自动控制系统，鼓励对危险化学品实行专门储存、统一配送、集中销售。

第二章 生 产、储 存 安 全

第十一条 国家对危险化学品的生产、储存实行统筹规划、合理布局。

国务院工业和信息化主管部门以及国务院其他有关部门依据各自职责，负责危险化学品生产、储存的行业规划和布局。

地方人民政府组织编制城乡规划，应当根据本地区的实际情况，按照确保安全的原则，规划适当区域专门用于危险化学品的生产、储存。

第十二条 新建、改建、扩建生产、储存危险化学品的建设项目（以下简称建设项目），应当由安全生产监督管理部门进行安全条件审查。

建设单位应当对建设项目进行安全条件论证，委托具备国家规定的资质条件的机构对建设项目进行安全评价，并将安全条件论证和安全评价的情况报告报建设项目所在地设区的市级以上人民政府安全生产监督管理部门；安全生产监督管理部门应当自收到报告之日起 45 日内作出审查决定，并书面通知建设单位。具体办法由国务院安全生产监督管理部门制定。

新建、改建、扩建储存、装卸危险化学品的港口建设项目，由港口行政管理部门按照国务院交通运输主管部门的规定进行安全条件审查。

第十三条　生产、储存危险化学品的单位，应当对其铺设的危险化学品管道设置明显标志，并对危险化学品管道定期检查、检测。

进行可能危及危险化学品管道安全的施工作业，施工单位应当在开工的 7 日前书面通知管道所属单位，并与管道所属单位共同制定应急预案，采取相应的安全防护措施。管道所属单位应当指派专门人员到现场进行管道安全保护指导。

第十四条　危险化学品生产企业进行生产前，应当依照《安全生产许可证条例》的规定，取得危险化学品安全生产许可证。

生产列入国家实行生产许可证制度的工业产品目录的危险化学品的企业，应当依照《中华人民共和国工业产品生产许可证管理条例》的规定，取得工业产品生产许可证。

负责颁发危险化学品安全生产许可证、工业产品生产许可证的部门，应当将其颁发许可证的情况及时向同级工业和信息化主管部门、环境保护主管部门和公安机关通报。

第十五条　危险化学品生产企业应当提供与其生产的危险化学品相符的化学品安全技术说明书，并在危险化学品包装（包括外包装件）上粘贴或者拴挂与包装内危险化学品相符的化学品安全标签。化学品安全技术说明书和化学品安全标签所载明的内容应当符合国家标准的要求。

危险化学品生产企业发现其生产的危险化学品有新的危险特性的，应当立即公告，并及时修订其化学品安全技术说明书和化学品安全标签。

第十六条　生产实施重点环境管理的危险化学品的企业，应当按照国务院环境保护主管部门的规定，将该危险化学品向环境中释放等相关信息向环境保护主管部门报告。环境保护主管部门可以根据情况采取相应的环境风险控制措施。

第十七条　危险化学品的包装应当符合法律、行政法规、规章的规定以及国家标准、行业标准的要求。

危险化学品包装物、容器的材质以及危险化学品包装的型式、规格、方法和单件质量（重量），应当与所包装的危险化学品的性质和用途相适应。

第十八条　生产列入国家实行生产许可证制度的工业产品目录的危险化学品包装物、容器的企业，应当依照《中华人民共和国工业产品生产许可证管理条例》的规定，取得工业产品生产许可证；其生产的危险化学品包装物、容器经国务院质量监督检验检疫部门认定的检验机构检验合格，方可出厂销售。

运输危险化学品的船舶及其配载的容器，应当按照国家船舶检验规范进行生产，并经海事管理机构认定的船舶检验机构检验合格，方可投入使用。

对重复使用的危险化学品包装物、容器，使用单位在重复使用前应当进行检查；发现存在安全隐患的，应当维修或者更换。使用单位应当对检查情况作出记录，记录的保存期限不得少于2年。

第十九条 危险化学品生产装置或者储存数量构成重大危险源的危险化学品储存设施（运输工具加油站、加气站除外），与下列场所、设施、区域的距离应当符合国家有关规定：

（一）居住区以及商业中心、公园等人员密集场所。

（二）学校、医院、影剧院、体育场（馆）等公共设施。

（三）饮用水源、水厂以及水源保护区。

（四）车站、码头（依法经许可可从事危险化学品装卸作业的除外）、机场以及通信干线、通信枢纽、铁路线路、道路交通干线、水路交通干线、地铁风亭以及地铁站出入口。

（五）基本农田保护区、基本草原、畜禽遗传资源保护区、畜禽规模化养殖场（养殖小区）、渔业水域以及种子、种畜禽、水产苗种生产基地。

（六）河流、湖泊、风景名胜区、自然保护区。

（七）军事禁区、军事管理区。

（八）法律、行政法规规定的其他场所、设施、区域。

已建的危险化学品生产装置或者储存数量构成重大危险源的危险化学品储存设施不符合前款规定的，由所在地设区的市级人民政府安全生产监督管理部门会同有关部门监督其所属单位在规定期限内进行整改；需要转产、停产、搬迁、关闭的，由本级人民政府决定并组织实施。

储存数量构成重大危险源的危险化学品储存设施的选址，应当避开地震活动断层和容易发生洪灾、地质灾害的区域。

本条例所称重大危险源，是指生产、储存、使用或者搬运危险化学品，且危险化学品的数量等于或者超过临界量的单元（包括场所和设施）。

第二十条 生产、储存危险化学品的单位，应当根据其生产、储存的危险化学品的种类和危险特性，在作业场所设置相应的监测、监控、通风、防晒、调温、防火、灭火、防爆、泄压、防毒、中和、防潮、防雷、防静电、防腐、防泄漏以及防护围堤或者隔离操作等安全设施、设备，并按照国家标准、行业标准或者国家有关规定对安全设施、设备进行经常性维护、保养，保证安全设施、设备的正常使用。

生产、储存危险化学品的单位，应当在其作业场所和安全设施、设备上设置明显的安全警示标志。

第二十一条 生产、储存危险化学品的单位，应当在其作业场所设置通信、报警装置，并保证处于适用状态。

第二十二条 生产、储存危险化学品的企业，应当委托具备国家规定的资质条件的机构，对本企业的安全生产条件每 3 年进行一次安全评价，提出安全评价报告。安全评价报告的内容应当包括对安全生产条件存在的问题进行整改的方案。

生产、储存危险化学品的企业，应当将安全评价报告以及整改方案的落实情况报所在地县级人民政府安全生产监督管理部门备案。在港区内储存危险化学品的企业，应当将安全评价报告以及整改方案的落实情况报港口行政管理部门备案。

第二十三条 生产、储存剧毒化学品或者国务院公安部门规定的可用于制造爆炸物品的危险化学品（以下简称易制爆危险化学品）的单位，应当如实记录其生产、储存的剧毒化学品、易制爆危险化学品的数量、流向，并采取必要的安全防范措施，防止剧毒化学品、易制爆危险化学品丢失或者被盗；发现剧毒化学品、易制爆危险化学品丢失或者被盗的，应当立即向当地公安机关报告。

生产、储存剧毒化学品、易制爆危险化学品的单位，应当设置治安保卫机构，配备专职治安保卫人员。

第二十四条 危险化学品应当储存在专用仓库、专用场地或者专用储存室（以下统称专用仓库）内，并由专人负责管理；剧毒化学品以及储存数量构成重大危险源的其他危险化学品，应当在专用仓库内单独存放，并实行双人收发、双人保管制度。

危险化学品的储存方式、方法以及储存数量应当符合国家标准或者国家有关规定。

第二十五条 储存危险化学品的单位应当建立危险化学品出入库核查、登记制度。

对剧毒化学品以及储存数量构成重大危险源的其他危险化学品，储存单位应当将其储存数量、储存地点以及管理人员的情况，报所在地县级人民政府安全生产监督管理部门（在港区内储存的，报港口行政管理部门）和公安机关备案。

第二十六条　危险化学品专用仓库应当符合国家标准、行业标准的要求，并设置明显的标志。储存剧毒化学品、易制爆危险化学品的专用仓库，应当按照国家有关规定设置相应的技术防范设施。

储存危险化学品的单位应当对其危险化学品专用仓库的安全设施、设备定期进行检测、检验。

第二十七条　生产、储存危险化学品的单位转产、停产、停业或者解散的，应当采取有效措施，及时、妥善处置其危险化学品生产装置、储存设施以及库存的危险化学品，不得丢弃危险化学品；处置方案应当报所在地县级人民政府安全生产监督管理部门、工业和信息化主管部门、环境保护主管部门和公安机关备案。安全生产监督管理部门应当会同环境保护主管部门和公安机关对处置情况进行监督检查，发现未依照规定处置的，应当责令其立即处置。

第三章　使用安全

第二十八条　使用危险化学品的单位，其使用条件（包括工艺）应当符合法律、行政法规的规定和国家标准、行业标准的要求，并根据所使用的危险化学品的种类、危险特性以及使用量和使用方式，建立、健全使用危险化学品的安全管理规章制度和安全操作规程，保证危险化学品的安全使用。

第二十九条　使用危险化学品从事生产并且使用量达到规定数量的化工企业（属于危险化学品生产企业的除外，下同），应当依照本条例的规定取得危险化学品安全使用许可证。

前款规定的危险化学品使用量的数量标准，由国务院安全生产监督管理部门会同国务院公安部门、农业主管部门确定并公布。

第三十条　申请危险化学品安全使用许可证的化工企业，除应当符合本条例第二十八条的规定外，还应当具备下列条件：

（一）有与所使用的危险化学品相适应的专业技术人员。

（二）有安全管理机构和专职安全管理人员。

（三）有符合国家规定的危险化学品事故应急预案和必要的应急救援器材、设备。

（四）依法进行了安全评价。

第三十一条　申请危险化学品安全使用许可证的化工企业，应当向所在地设区的市级人民政府安全生产监督管理部门提出申请，并提交其符合本条例第三十条规定条件的证明材料。设区的市级人民政府安全生产监督管理部门应当依法进行审查，自收到证明材料之日起 45 日内作出批准或者不予批准的决定。予以批准的，颁发危险化学品安全使用许可证；不予批准的，书面通知申请人并说明理由。

安全生产监督管理部门应当将其颁发危险化学品安全使用许可证的情况及时向同级环境保护主管部门和公安机关通报。

第三十二条　本条例第十六条关于生产实施重点环境管理的危险化学品的企业的规定，适用于使用实施重点环境管理的危险化学品从事生产的企业；第二十条、第二十一条、第二十三条第一款、第二十七条关于生产、储存危险化学品的单位的规定，适用于使用危险化学品的单位；第二十二条关于生产、储存危险化学品的企业的规定，适用于使用危险化学品从事生产的企业。

第四章　经　营　安　全

第三十三条　国家对危险化学品经营（包括仓储经营，下同）实行许可制度。未经许可，任何单位和个人不得经营危险化学品。

依法设立的危险化学品生产企业在其厂区范围内销售本企业生产的危险化学品，不需要取得危险化学品经营许可。

依照《中华人民共和国港口法》的规定取得港口经营许可证的港口经营人，在港区内从事危险化学品仓储经营，不需要取得危险化学品经营许可。

第三十四条　从事危险化学品经营的企业应当具备下列条件：

（一）有符合国家标准、行业标准的经营场所，储存危险化学品的，还应当有符合国家标准、行业标准的储存设施。

（二）从业人员经过专业技术培训并经考核合格。

（三）有健全的安全管理规章制度。

（四）有专职安全管理人员。

（五）有符合国家规定的危险化学品事故应急预案和必要的应急救援器材、设备。

（六）法律、法规规定的其他条件。

第三十五条　从事剧毒化学品、易制爆危险化学品经营的企业，应当向所在地设区的市级人民政府安全生产监督管理部门提出申请，从事其他危险化学品经营的企业，应当向所在地县级人民政府安全生产监督管理部门提出申请（有储存设施的，应当向所在地设区的市级人民政府安全生产监督管理部门提出申请）。申请人应当提交其符合本条例第三十四条规定条件的证明材料。设区的市级人民政府安全生产监督管理部门或者县级人民政府安全生产监督管理部门应当依法进行审查，并对申请人的经营场所、储存设施进行现场核查，自收到证明材料之日起 30 日内作出批准或者不予批准的决定。予以批准的，颁发危险化学品经营许可证；不予批准的，书面通知申请人并说明理由。

设区的市级人民政府安全生产监督管理部门和县级人民政府安全生产监督管理部门应当将其颁发危险化学品经营许可证的情况及时向同级环境保护主管部门和公安机关通报。

申请人持危险化学品经营许可证向工商行政管理部门办理登记手续后，方可从事危险化学品经营活动。法律、行政法规或者国务院规定经营危险化学品还需要经其他有关部门许可的，申请人向工商行政管理部门办理登记手续时还应当持相应的许可证件。

第三十六条　危险化学品经营企业储存危险化学品的，应当遵守本条例第二章关于储存危险化学品的规定。危险化学品商店内只能存放民用小包装的危险化学品。

第三十七条　危险化学品经营企业不得向未经许可从事危险化学品生产、经营活动的企业采购危险化学品，不得经营没有化学品安全技术说明书或者化学品安全标签的危险化学品。

第三十八条　依法取得危险化学品安全生产许可证、危险化学品安全使用许可证、危险化学品经营许可证的企业，凭相应的许可证件购买剧毒化学品、易制爆危险化学品。民用爆炸物品生产企业凭民用爆炸物品生产许可证购买易制爆危险化学品。

前款规定以外的单位购买剧毒化学品的，应当向所在地县级人民政府公安机关申请取得剧毒化学品购买许可证；购买易制爆危险化学品的，应当持本单位出具的合法用途说明。

个人不得购买剧毒化学品（属于剧毒化学品的农药除外）和易制爆危险化学品。

第三十九条 申请取得剧毒化学品购买许可证，申请人应当向所在地县级人民政府公安机关提交下列材料：

（一）营业执照或者法人证书（登记证书）的复印件。

（二）拟购买的剧毒化学品品种、数量的说明。

（三）购买剧毒化学品用途的说明。

（四）经办人的身份证明。

县级人民政府公安机关应当自收到前款规定的材料之日起 3 日内，作出批准或者不予批准的决定。予以批准的，颁发剧毒化学品购买许可证；不予批准的，书面通知申请人并说明理由。

剧毒化学品购买许可证管理办法由国务院公安部门制定。

第四十条 危险化学品生产企业、经营企业销售剧毒化学品、易制爆危险化学品，应当查验本条例第三十八条第一款、第二款规定的相关许可证件或者证明文件，不得向不具有相关许可证件或者证明文件的单位销售剧毒化学品、易制爆危险化学品。对持剧毒化学品购买许可证购买剧毒化学品的，应当按照许可证载明的品种、数量销售。

禁止向个人销售剧毒化学品（属于剧毒化学品的农药除外）和易制爆危险化学品。

第四十一条 危险化学品生产企业、经营企业销售剧毒化学品、易制爆危险化学品，应当如实记录购买单位的名称、地址、经办人的姓名、身份证号码以及所购买的剧毒化学品、易制爆危险化学品的品种、数量、用途。销售记录以及经办人的身份证明复印件、相关许可证件复印件或者证明文件的保存期限不得少于 1 年。

剧毒化学品、易制爆危险化学品的销售企业、购买单位应当在销售、购买后 5 日内，将所销售、购买的剧毒化学品、易制爆危险化学品的品种、数量以及流向信息报所在地县级人民政府公安机关备案，并输入计算机系统。

第四十二条 使用剧毒化学品、易制爆危险化学品的单位不得出借、转让其购买的剧毒化学品、易制爆危险化学品；因转产、停产、搬迁、关闭等确需转让的，应当向具有本条例第三十八条第一款、第二款规定的相关许可证件或者证明文件的单位转让，并在转让后将有关情况及时向所在地县级人民政府公安机关报告。

第五章　运　输　安　全

第四十三条　从事危险化学品道路运输、水路运输的，应当分别依照有关道路运输、水路运输的法律、行政法规的规定，取得危险货物道路运输许可、危险货物水路运输许可，并向工商行政管理部门办理登记手续。

危险化学品道路运输企业、水路运输企业应当配备专职安全管理人员。

第四十四条　危险化学品道路运输企业、水路运输企业的驾驶人员、船员、装卸管理人员、押运人员、申报人员、集装箱装箱现场检查员应当经交通运输主管部门考核合格，取得从业资格。具体办法由国务院交通运输主管部门制定。

危险化学品的装卸作业应当遵守安全作业标准、规程和制度，并在装卸管理人员的现场指挥或者监控下进行。水路运输危险化学品的集装箱装箱作业应当在集装箱装箱现场检查员的指挥或者监控下进行，并符合积载、隔离的规范和要求；装箱作业完毕后，集装箱装箱现场检查员应当签署装箱证明书。

第四十五条　运输危险化学品，应当根据危险化学品的危险特性采取相应的安全防护措施，并配备必要的防护用品和应急救援器材。

用于运输危险化学品的槽罐以及其他容器应当封口严密，能够防止危险化学品在运输过程中因温度、湿度或者压力的变化发生渗漏、洒漏；槽罐以及其他容器的溢流和泄压装置应当设置准确、起闭灵活。

运输危险化学品的驾驶人员、船员、装卸管理人员、押运人员、申报人员、集装箱装箱现场检查员，应当了解所运输的危险化学品的危险特性及其包装物、容器的使用要求和出现危险情况时的应急处置方法。

第四十六条　通过道路运输危险化学品的，托运人应当委托依法取得危险货物道路运输许可的企业承运。

第四十七条　通过道路运输危险化学品的，应当按照运输车辆的核定载质量装载危险化学品，不得超载。

危险化学品运输车辆应当符合国家标准要求的安全技术条件，并按照国家有关规定定期进行安全技术检验。

危险化学品运输车辆应当悬挂或者喷涂符合国家标准要求的警示标志。

第四十八条　通过道路运输危险化学品的，应当配备押运人员，并保证所运输的危险化学品处于押运人员的监控之下。

运输危险化学品途中因住宿或者发生影响正常运输的情况，需要较长时间停车的，驾驶人员、押运人员应当采取相应的安全防范措施；运输剧毒化学品或者易制爆危险化学品的，还应当向当地公安机关报告。

第四十九条 未经公安机关批准，运输危险化学品的车辆不得进入危险化学品运输车辆限制通行的区域。危险化学品运输车辆限制通行的区域由县级人民政府公安机关划定，并设置明显的标志。

第五十条 通过道路运输剧毒化学品的，托运人应当向运输始发地或者目的地县级人民政府公安机关申请剧毒化学品道路运输通行证。

申请剧毒化学品道路运输通行证，托运人应当向县级人民政府公安机关提交下列材料：

（一）拟运输的剧毒化学品品种、数量的说明。

（二）运输始发地、目的地、运输时间和运输路线的说明。

（三）承运人取得危险货物道路运输许可、运输车辆取得营运证以及驾驶人员、押运人员取得上岗资格的证明文件。

（四）本条例第三十八条第一款、第二款规定的购买剧毒化学品的相关许可证件，或者海关出具的进出口证明文件。

县级人民政府公安机关应当自收到前款规定的材料之日起 7 日内，作出批准或者不予批准的决定。予以批准的，颁发剧毒化学品道路运输通行证；不予批准的，书面通知申请人并说明理由。

剧毒化学品道路运输通行证管理办法由国务院公安部门制定。

第五十一条 剧毒化学品、易制爆危险化学品在道路运输途中丢失、被盗、被抢或者出现流散、泄漏等情况的，驾驶人员、押运人员应当立即采取相应的警示措施和安全措施，并向当地公安机关报告。公安机关接到报告后，应当根据实际情况立即向安全生产监督管理部门、环境保护主管部门、卫生主管部门通报。有关部门应当采取必要的应急处置措施。

第五十二条 通过水路运输危险化学品的，应当遵守法律、行政法规以及国务院交通运输主管部门关于危险货物水路运输安全的规定。

第五十三条 海事管理机构应当根据危险化学品的种类和危险特性，确定船舶运输危险化学品的相关安全运输条件。

拟交付船舶运输的化学品的相关安全运输条件不明确的，应当经国家海事管理机构认定的机构进行评估，明确相关安全运输条件并经海事管理机构确认后，方可交付船舶运输。

第五十四条 禁止通过内河封闭水域运输剧毒化学品以及国家规定禁止通过内河运输的其他危险化学品。

前款规定以外的内河水域，禁止运输国家规定禁止通过内河运输的剧毒化学品以及其他危险化学品。

禁止通过内河运输的剧毒化学品以及其他危险化学品的范围，由国务院交通运输主管部门会同国务院环境保护主管部门、工业和信息化主管部门、安全生产监督管理部门，根据危险化学品的危险特性、危险化学品对人体和水环境的危害程度以及消除危害后果的难易程度等因素规定并公布。

第五十五条 国务院交通运输主管部门应当根据危险化学品的危险特性，对通过内河运输本条例第五十四条规定以外的危险化学品（以下简称通过内河运输危险化学品）实行分类管理，对各类危险化学品的运输方式、包装规范和安全防护措施等分别作出规定并监督实施。

第五十六条 通过内河运输危险化学品，应当由依法取得危险货物水路运输许可的水路运输企业承运，其他单位和个人不得承运。托运人应当委托依法取得危险货物水路运输许可的水路运输企业承运，不得委托其他单位和个人承运。

第五十七条 通过内河运输危险化学品，应当使用依法取得危险货物适装证书的运输船舶。水路运输企业应当针对所运输的危险化学品的危险特性，制定运输船舶危险化学品事故应急救援预案，并为运输船舶配备充足、有效的应急救援器材和设备。

通过内河运输危险化学品的船舶，其所有人或者经营人应当取得船舶污染损害责任保险证书或者财务担保证明。船舶污染损害责任保险证书或者财务担保证明的副本应当随船携带。

第五十八条 通过内河运输危险化学品，危险化学品包装物的材质、型式、强度以及包装方法应当符合水路运输危险化学品包装规范的要求。国务院交通运输主管部门对单船运输的危险化学品数量有限制性规定的，承运人应当按照规定安排运输数量。

第五十九条 用于危险化学品运输作业的内河码头、泊位应当符合国家有关安全规范，与饮用水取水口保持国家规定的距离。有关管理单位应当制定码头、泊位危险化学品事故应急预案，并为码头、泊位配备充足、有效的应急救援器材和设备。

用于危险化学品运输作业的内河码头、泊位，经交通运输主管部门按照国家有关规定验收合格后方可投入使用。

第六十条 船舶载运危险化学品进出内河港口，应当将危险化学品的名称、危险特性、包装以及进出港时间等事项，事先报告海事管理机构。海事管理机构接到报告后，应当在国务院交通运输主管部门规定的时间内作出是否同意的决定，通知报告人，同时通报港口行政管理部门。定船舶、定航线、定货种的船舶可以定期报告。

在内河港口内进行危险化学品的装卸、过驳作业，应当将危险化学品的名称、危险特性、包装和作业的时间、地点等事项报告港口行政管理部门。港口行政管理部门接到报告后，应当在国务院交通运输主管部门规定的时间内作出是否同意的决定，通知报告人，同时通报海事管理机构。

载运危险化学品的船舶在内河航行，通过过船建筑物的，应当提前向交通运输主管部门申报，并接受交通运输主管部门的管理。

第六十一条 载运危险化学品的船舶在内河航行、装卸或者停泊，应当悬挂专用的警示标志，按照规定显示专用信号。

载运危险化学品的船舶在内河航行，按照国务院交通运输主管部门的规定需要引航的，应当申请引航。

第六十二条 载运危险化学品的船舶在内河航行，应当遵守法律、行政法规和国家其他有关饮用水水源保护的规定。内河航道发展规划应当与依法经批准的饮用水水源保护区划定方案相协调。

第六十三条 托运危险化学品的，托运人应当向承运人说明所托运的危险化学品的种类、数量、危险特性以及发生危险情况的应急处置措施，并按照国家有关规定对所托运的危险化学品妥善包装，在外包装上设置相应的标志。

运输危险化学品需要添加抑制剂或者稳定剂的，托运人应当添加，并将有关情况告知承运人。

第六十四条 托运人不得在托运的普通货物中夹带危险化学品，不得将危险化学品匿报或者谎报为普通货物托运。

任何单位和个人不得交寄危险化学品或者在邮件、快件内夹带危险化学品，不得将危险化学品匿报或者谎报为普通物品交寄。邮政企业、快递企业不得收寄危险化学品。

对涉嫌违反本条第一款、第二款规定的，交通运输主管部门、邮政管理部门可以依法开拆查验。

第六十五条 通过铁路、航空运输危险化学品的安全管理，依照有关铁路、航空运输的法律、行政法规、规章的规定执行。

第六章　危险化学品登记与事故应急救援

第六十六条 国家实行危险化学品登记制度，为危险化学品安全管理以及危险化学品事故预防和应急救援提供技术、信息支持。

第六十七条 危险化学品生产企业、进口企业，应当向国务院安全生产监督管理部门负责危险化学品登记的机构（以下简称危险化学品登记机构）办理危险化学品登记。

危险化学品登记包括下列内容：

（一）分类和标签信息。

（二）物理、化学性质。

（三）主要用途。

（四）危险特性。

（五）储存、使用、运输的安全要求。

（六）出现危险情况的应急处置措施。

对同一企业生产、进口的同一品种的危险化学品，不进行重复登记。危险化学品生产企业、进口企业发现其生产、进口的危险化学品有新的危险特性的，应当及时向危险化学品登记机构办理登记内容变更手续。

危险化学品登记的具体办法由国务院安全生产监督管理部门制定。

第六十八条 危险化学品登记机构应当定期向工业和信息化、环境保护、公安、卫生、交通运输、铁路、质量监督检验检疫等部门提供危险化学品登记的有关信息和资料。

第六十九条 县级以上地方人民政府安全生产监督管理部门应当会同工业和信息化、环境保护、公安、卫生、交通运输、铁路、质量监督检验检疫等部门，根据本地区实际情况，制定危险化学品事故应急预案，报本级人民政府批准。

第七十条 危险化学品单位应当制定本单位危险化学品事故应急预案，配备应急救援人员和必要的应急救援器材、设备，并定期组织应急救援演练。

危险化学品单位应当将其危险化学品事故应急预案报所在地设区的市级人

民政府安全生产监督管理部门备案。

第七十一条　发生危险化学品事故，事故单位主要负责人应当立即按照本单位危险化学品应急预案组织救援，并向当地安全生产监督管理部门和环境保护、公安、卫生主管部门报告；道路运输、水路运输过程中发生危险化学品事故的，驾驶人员、船员或者押运人员还应当向事故发生地交通运输主管部门报告。

第七十二条　发生危险化学品事故，有关地方人民政府应当立即组织安全生产监督管理、环境保护、公安、卫生、交通运输等有关部门，按照本地区危险化学品事故应急预案组织实施救援，不得拖延、推诿。

有关地方人民政府及其有关部门应当按照下列规定，采取必要的应急处置措施，减少事故损失，防止事故蔓延、扩大：

（一）立即组织营救和救治受害人员，疏散、撤离或者采取其他措施保护危害区域内的其他人员。

（二）迅速控制危害源，测定危险化学品的性质、事故的危害区域及危害程度。

（三）针对事故对人体、动植物、土壤、水源、大气造成的现实危害和可能产生的危害，迅速采取封闭、隔离、洗消等措施。

（四）对危险化学品事故造成的环境污染和生态破坏状况进行监测、评估，并采取相应的环境污染治理和生态修复措施。

第七十三条　有关危险化学品单位应当为危险化学品事故应急救援提供技术指导和必要的协助。

第七十四条　危险化学品事故造成环境污染的，由设区的市级以上人民政府环境保护主管部门统一发布有关信息。

第七章　法　律　责　任

第七十五条　生产、经营、使用国家禁止生产、经营、使用的危险化学品的，由安全生产监督管理部门责令停止生产、经营、使用活动，处 20 万元以上50 万元以下的罚款，有违法所得的，没收违法所得；构成犯罪的，依法追究刑事责任。

有前款规定行为的，安全生产监督管理部门还应当责令其对所生产、经营、使用的危险化学品进行无害化处理。

违反国家关于危险化学品使用的限制性规定使用危险化学品的，依照本条第一款的规定处理。

第七十六条　未经安全条件审查，新建、改建、扩建生产、储存危险化学品的建设项目的，由安全生产监督管理部门责令停止建设，限期改正；逾期不改正的，处 50 万元以上 100 万元以下的罚款；构成犯罪的，依法追究刑事责任。

未经安全条件审查，新建、改建、扩建储存、装卸危险化学品的港口建设项目的，由港口行政管理部门依照前款规定予以处罚。

第七十七条　未依法取得危险化学品安全生产许可证从事危险化学品生产，或者未依法取得工业产品生产许可证从事危险化学品及其包装物、容器生产的，分别依照《安全生产许可证条例》《中华人民共和国工业产品生产许可证管理条例》的规定处罚。

违反本条例规定，化工企业未取得危险化学品安全使用许可证，使用危险化学品从事生产的，由安全生产监督管理部门责令限期改正，处 10 万元以上 20 万元以下的罚款；逾期不改正的，责令停产整顿。

违反本条例规定，未取得危险化学品经营许可证从事危险化学品经营的，由安全生产监督管理部门责令停止经营活动，没收违法经营的危险化学品以及违法所得，并处 10 万元以上 20 万元以下的罚款；构成犯罪的，依法追究刑事责任。

第七十八条　有下列情形之一的，由安全生产监督管理部门责令改正，可以处 5 万元以下的罚款；拒不改正的，处 5 万元以上 10 万元以下的罚款；情节严重的，责令停产停业整顿：

（一）生产、储存危险化学品的单位未对其铺设的危险化学品管道设置明显的标志，或者未对危险化学品管道定期检查、检测的。

（二）进行可能危及危险化学品管道安全的施工作业，施工单位未按照规定书面通知管道所属单位，或者未与管道所属单位共同制定应急预案、采取相应的安全防护措施，或者管道所属单位未指派专门人员到现场进行管道安全保护指导的。

（三）危险化学品生产企业未提供化学品安全技术说明书，或者未在包装（包括外包装件）上粘贴、拴挂化学品安全标签的。

（四）危险化学品生产企业提供的化学品安全技术说明书与其生产的危险化学品不相符，或者在包装（包括外包装件）粘贴、拴挂的化学品安全标签与包装内危险化学品不相符，或者化学品安全技术说明书、化学品安全标签所载明的内容不符合国家标准要求的。

（五）危险化学品生产企业发现其生产的危险化学品有新的危险特性不立即公告，或者不及时修订其化学品安全技术说明书和化学品安全标签的。

（六）危险化学品经营企业经营没有化学品安全技术说明书和化学品安全标签的危险化学品的。

（七）危险化学品包装物、容器的材质以及包装的型式、规格、方法和单件质量（重量）与所包装的危险化学品的性质和用途不相适应的。

（八）生产、储存危险化学品的单位未在作业场所和安全设施、设备上设置明显的安全警示标志，或者未在作业场所设置通信、报警装置的。

（九）危险化学品专用仓库未设专人负责管理，或者对储存的剧毒化学品以及储存数量构成重大危险源的其他危险化学品未实行双人收发、双人保管制度的。

（十）储存危险化学品的单位未建立危险化学品出入库核查、登记制度的。

（十一）危险化学品专用仓库未设置明显标志的。

（十二）危险化学品生产企业、进口企业不办理危险化学品登记，或者发现其生产、进口的危险化学品有新的危险特性不办理危险化学品登记内容变更手续的。

从事危险化学品仓储经营的港口经营人有前款规定情形的，由港口行政管理部门依照前款规定予以处罚。储存剧毒化学品、易制爆危险化学品的专用仓库未按照国家有关规定设置相应的技术防范设施的，由公安机关依照前款规定予以处罚。

生产、储存剧毒化学品、易制爆危险化学品的单位未设置治安保卫机构、配备专职治安保卫人员的，依照《企业事业单位内部治安保卫条例》的规定处罚。

第七十九条 危险化学品包装物、容器生产企业销售未经检验或者经检验不合格的危险化学品包装物、容器的，由质量监督检验检疫部门责令改正，处10万元以上20万元以下的罚款，有违法所得的，没收违法所得；拒不改正的，责令停产停业整顿；构成犯罪的，依法追究刑事责任。

将未经检验合格的运输危险化学品的船舶及其配载的容器投入使用的，由海事管理机构依照前款规定予以处罚。

第八十条　生产、储存、使用危险化学品的单位有下列情形之一的，由安全生产监督管理部门责令改正，处 5 万元以上 10 万元以下的罚款；拒不改正的，责令停产停业整顿直至由原发证机关吊销其相关许可证件，并由工商行政管理部门责令其办理经营范围变更登记或者吊销其营业执照；有关责任人员构成犯罪的，依法追究刑事责任：

（一）对重复使用的危险化学品包装物、容器，在重复使用前不进行检查的。

（二）未根据其生产、储存的危险化学品的种类和危险特性，在作业场所设置相关安全设施、设备，或者未按照国家标准、行业标准或者国家有关规定对安全设施、设备进行经常性维护、保养的。

（三）未依照本条例规定对其安全生产条件定期进行安全评价的。

（四）未将危险化学品储存在专用仓库内，或者未将剧毒化学品以及储存数量构成重大危险源的其他危险化学品在专用仓库内单独存放的。

（五）危险化学品的储存方式、方法或者储存数量不符合国家标准或者国家有关规定的。

（六）危险化学品专用仓库不符合国家标准、行业标准的要求的。

（七）未对危险化学品专用仓库的安全设施、设备定期进行检测、检验的。

从事危险化学品仓储经营的港口经营人有前款规定情形的，由港口行政管理部门依照前款规定予以处罚。

第八十一条　有下列情形之一的，由公安机关责令改正，可以处 1 万元以下的罚款；拒不改正的，处 1 万元以上 5 万元以下的罚款：

（一）生产、储存、使用剧毒化学品、易制爆危险化学品的单位不如实记录生产、储存、使用的剧毒化学品、易制爆危险化学品的数量、流向的。

（二）生产、储存、使用剧毒化学品、易制爆危险化学品的单位发现剧毒化学品、易制爆危险化学品丢失或者被盗，不立即向公安机关报告的。

（三）储存剧毒化学品的单位未将剧毒化学品的储存数量、储存地点以及管理人员的情况报所在地县级人民政府公安机关备案的。

（四）危险化学品生产企业、经营企业不如实记录剧毒化学品、易制爆危险化学品购买单位的名称、地址、经办人的姓名、身份证号码以及所购买的剧毒化学品、易制爆危险化学品的品种、数量、用途，或者保存销售记录和相关材料的时间少于 1 年的。

（五）剧毒化学品、易制爆危险化学品的销售企业、购买单位未在规定的时限内将所销售、购买的剧毒化学品、易制爆危险化学品的品种、数量以及流向信息报所在地县级人民政府公安机关备案的。

（六）使用剧毒化学品、易制爆危险化学品的单位依照本条例规定转让其购买的剧毒化学品、易制爆危险化学品，未将有关情况向所在地县级人民政府公安机关报告的。

生产、储存危险化学品的企业或者使用危险化学品从事生产的企业未按照本条例规定将安全评价报告以及整改方案的落实情况报安全生产监督管理部门或者港口行政管理部门备案，或者储存危险化学品的单位未将其剧毒化学品以及储存数量构成重大危险源的其他危险化学品的储存数量、储存地点以及管理人员的情况报安全生产监督管理部门或者港口行政管理部门备案的，分别由安全生产监督管理部门或者港口行政管理部门依照前款规定予以处罚。

生产实施重点环境管理的危险化学品的企业或者使用实施重点环境管理的危险化学品从事生产的企业未按照规定将相关信息向环境保护主管部门报告的，由环境保护主管部门依照本条第一款的规定予以处罚。

第八十二条 生产、储存、使用危险化学品的单位转产、停产、停业或者解散，未采取有效措施及时、妥善处置其危险化学品生产装置、储存设施以及库存的危险化学品，或者丢弃危险化学品的，由安全生产监督管理部门责令改正，处 5 万元以上 10 万元以下的罚款；构成犯罪的，依法追究刑事责任。

生产、储存、使用危险化学品的单位转产、停产、停业或者解散，未依照本条例规定将其危险化学品生产装置、储存设施以及库存危险化学品的处置方案报有关部门备案的，分别由有关部门责令改正，可以处 1 万元以下的罚款；拒不改正的，处 1 万元以上 5 万元以下的罚款。

第八十三条 危险化学品经营企业向未经许可违法从事危险化学品生产、经营活动的企业采购危险化学品的，由工商行政管理部门责令改正，处 10 万元以上 20 万元以下的罚款；拒不改正的，责令停业整顿直至由原发证机关吊销其危险化学品经营许可证，并由工商行政管理部门责令其办理经营范围变更登记或者吊销其营业执照。

第八十四条 危险化学品生产企业、经营企业有下列情形之一的，由安全生产监督管理部门责令改正，没收违法所得，并处 10 万元以上 20 万元以下的罚款；拒不改正的，责令停产停业整顿直至吊销其危险化学品安全生产许可证、危险化学品经营许可证，并由工商行政管理部门责令其办理经营范围变更登记或者吊销其营业执照：

（一）向不具有本条例第三十八条第一款、第二款规定的相关许可证件或者证明文件的单位销售剧毒化学品、易制爆危险化学品的。

（二）不按照剧毒化学品购买许可证载明的品种、数量销售剧毒化学品的。

（三）向个人销售剧毒化学品（属于剧毒化学品的农药除外）、易制爆危险化学品的。

不具有本条例第三十八条第一款、第二款规定的相关许可证件或者证明文件的单位购买剧毒化学品、易制爆危险化学品，或者个人购买剧毒化学品（属于剧毒化学品的农药除外）、易制爆危险化学品的，由公安机关没收所购买的剧毒化学品、易制爆危险化学品，可以并处 5000 元以下的罚款。

使用剧毒化学品、易制爆危险化学品的单位出借或者向不具有本条例第三十八条第一款、第二款规定的相关许可证件的单位转让其购买的剧毒化学品、易制爆危险化学品，或者向个人转让其购买的剧毒化学品（属于剧毒化学品的农药除外）、易制爆危险化学品的，由公安机关责令改正，处 10 万元以上 20 万元以下的罚款；拒不改正的，责令停产停业整顿。

第八十五条 未依法取得危险货物道路运输许可、危险货物水路运输许可，从事危险化学品道路运输、水路运输的，分别依照有关道路运输、水路运输的法律、行政法规的规定处罚。

第八十六条 有下列情形之一的，由交通运输主管部门责令改正，处 5 万元以上 10 万元以下的罚款；拒不改正的，责令停产停业整顿；构成犯罪的，依法追究刑事责任：

（一）危险化学品道路运输企业、水路运输企业的驾驶人员、船员、装卸管理人员、押运人员、申报人员、集装箱装箱现场检查员未取得从业资格上岗作业的。

（二）运输危险化学品，未根据危险化学品的危险特性采取相应的安全防护措施，或者未配备必要的防护用品和应急救援器材的。

（三）使用未依法取得危险货物适装证书的船舶，通过内河运输危险化学品的。

（四）通过内河运输危险化学品的承运人违反国务院交通运输主管部门对单船运输的危险化学品数量的限制性规定运输危险化学品的。

（五）用于危险化学品运输作业的内河码头、泊位不符合国家有关安全规范，或者未与饮用水取水口保持国家规定的安全距离，或者未经交通运输主管部门验收合格投入使用的。

（六）托运人不向承运人说明所托运的危险化学品的种类、数量、危险特性以及发生危险情况的应急处置措施，或者未按照国家有关规定对所托运的危险化学品妥善包装并在外包装上设置相应标志的。

（七）运输危险化学品需要添加抑制剂或者稳定剂，托运人未添加或者未将有关情况告知承运人的。

第八十七条　有下列情形之一的，由交通运输主管部门责令改正，处10万元以上20万元以下的罚款，有违法所得的，没收违法所得；拒不改正的，责令停产停业整顿；构成犯罪的，依法追究刑事责任：

（一）委托未依法取得危险货物道路运输许可、危险货物水路运输许可的企业承运危险化学品的。

（二）通过内河封闭水域运输剧毒化学品以及国家规定禁止通过内河运输的其他危险化学品的。

（三）通过内河运输国家规定禁止通过内河运输的剧毒化学品以及其他危险化学品的。

（四）在托运的普通货物中夹带危险化学品，或者将危险化学品谎报或者匿报为普通货物托运的。

在邮件、快件内夹带危险化学品，或者将危险化学品谎报为普通物品交寄的，依法给予治安管理处罚；构成犯罪的，依法追究刑事责任。

邮政企业、快递企业收寄危险化学品的，依照《中华人民共和国邮政法》的规定处罚。

第八十八条　有下列情形之一的，由公安机关责令改正，处5万元以上10万元以下的罚款；构成违反治安管理行为的，依法给予治安管理处罚；构成犯罪的，依法追究刑事责任：

（一）超过运输车辆的核定载质量装载危险化学品的。

（二）使用安全技术条件不符合国家标准要求的车辆运输危险化学品的。

（三）运输危险化学品的车辆未经公安机关批准进入危险化学品运输车辆限制通行的区域的。

（四）未取得剧毒化学品道路运输通行证，通过道路运输剧毒化学品的。

第八十九条　有下列情形之一的，由公安机关责令改正，处1万元以上5

万元以下的罚款；构成违反治安管理行为的，依法给予治安管理处罚：

（一）危险化学品运输车辆未悬挂或者喷涂警示标志，或者悬挂或者喷涂的警示标志不符合国家标准要求的。

（二）通过道路运输危险化学品，不配备押运人员的。

（三）运输剧毒化学品或者易制爆危险化学品途中需要较长时间停车，驾驶人员、押运人员不向当地公安机关报告的。

（四）剧毒化学品、易制爆危险化学品在道路运输途中丢失、被盗、被抢或者发生流散、泄露等情况，驾驶人员、押运人员不采取必要的警示措施和安全措施，或者不向当地公安机关报告的。

第九十条　对发生交通事故负有全部责任或者主要责任的危险化学品道路运输企业，由公安机关责令消除安全隐患，未消除安全隐患的危险化学品运输车辆，禁止上道路行驶。

第九十一条　有下列情形之一的，由交通运输主管部门责令改正，可以处 1 万元以下的罚款；拒不改正的，处 1 万元以上 5 万元以下的罚款：

（一）危险化学品道路运输企业、水路运输企业未配备专职安全管理人员的。

（二）用于危险化学品运输作业的内河码头、泊位的管理单位未制定码头、泊位危险化学品事故应急救援预案，或者未为码头、泊位配备充足、有效的应急救援器材和设备的。

第九十二条　有下列情形之一的，依照《中华人民共和国内河交通安全管理条例》的规定处罚：

（一）通过内河运输危险化学品的水路运输企业未制定运输船舶危险化学品事故应急救援预案，或者未为运输船舶配备充足、有效的应急救援器材和设备的。

（二）通过内河运输危险化学品的船舶的所有人或者经营人未取得船舶污染损害责任保险证书或者财务担保证明的。

（三）船舶载运危险化学品进出内河港口，未将有关事项事先报告海事管理机构并经其同意的。

（四）载运危险化学品的船舶在内河航行、装卸或者停泊，未悬挂专用的警示标志，或者未按照规定显示专用信号，或者未按照规定申请引航的。

未向港口行政管理部门报告并经其同意，在港口内进行危险化学品的装卸、过驳作业的，依照《中华人民共和国港口法》的规定处罚。

第九十三条 伪造、变造或者出租、出借、转让危险化学品安全生产许可证、工业产品生产许可证,或者使用伪造、变造的危险化学品安全生产许可证、工业产品生产许可证的,分别依照《安全生产许可证条例》《中华人民共和国工业产品生产许可证管理条例》的规定处罚。

伪造、变造或者出租、出借、转让本条例规定的其他许可证,或者使用伪造、变造的本条例规定的其他许可证的,分别由相关许可证的颁发管理机关处10万元以上20万元以下的罚款,有违法所得的,没收违法所得;构成违反治安管理行为的,依法给予治安管理处罚;构成犯罪的,依法追究刑事责任。

第九十四条 危险化学品单位发生危险化学品事故,其主要负责人不立即组织救援或者不立即向有关部门报告的,依照《生产安全事故报告和调查处理条例》的规定处罚。

危险化学品单位发生危险化学品事故,造成他人人身伤害或者财产损失的,依法承担赔偿责任。

第九十五条 发生危险化学品事故,有关地方人民政府及其有关部门不立即组织实施救援,或者不采取必要的应急处置措施减少事故损失,防止事故蔓延、扩大的,对直接负责的主管人员和其他直接责任人员依法给予处分;构成犯罪的,依法追究刑事责任。

第九十六条 负有危险化学品安全监督管理职责的部门的工作人员,在危险化学品安全监督管理工作中滥用职权、玩忽职守、徇私舞弊,构成犯罪的,依法追究刑事责任;尚不构成犯罪的,依法给予处分。

第八章 附 则

第九十七条 监控化学品、属于危险化学品的药品和农药的安全管理,依照本条例的规定执行;法律、行政法规另有规定的,依照其规定。

民用爆炸物品、烟花爆竹、放射性物品、核能物质以及用于国防科研生产的危险化学品的安全管理,不适用本条例。

法律、行政法规对燃气的安全管理另有规定的,依照其规定。

危险化学品容器属于特种设备的,其安全管理依照有关特种设备安全的法律、行政法规的规定执行。

第九十八条 危险化学品的进出口管理,依照有关对外贸易的法律、行政法规、规章的规定执行;进口的危险化学品的储存、使用、经营、运输的安全管理，依照本条例的规定执行。

危险化学品环境管理登记和新化学物质环境管理登记，依照有关环境保护的法律、行政法规、规章的规定执行。危险化学品环境管理登记，按照国家有关规定收取费用。

第九十九条 公众发现、捡拾的无主危险化学品，由公安机关接收。公安机关接收或者有关部门依法没收的危险化学品，需要进行无害化处理的，交由环境保护主管部门组织其认定的专业单位进行处理，或者交由有关危险化学品生产企业进行处理。处理所需费用由国家财政负担。

第一百条 化学品的危险特性尚未确定的，由国务院安全生产监督管理部门、国务院环境保护主管部门、国务院卫生主管部门分别负责组织对该化学品的物理危险性、环境危害性、毒理特性进行鉴定。根据鉴定结果，需要调整危险化学品目录的，依照本条例第三条第二款的规定办理。

第一百零一条 本条例施行前已经使用危险化学品从事生产的化工企业，依照本条例规定需要取得危险化学品安全使用许可证的，应当在国务院安全生产监督管理部门规定的期限内，申请取得危险化学品安全使用许可证。

第一百零二条 本条例自 2011 年 12 月 1 日起施行。

2. 危险化学品重大危险源监督管理暂行规定

国家安全生产监督管理总局令

第 40 号

《危险化学品重大危险源监督管理暂行规定》已经 2011 年 7 月 22 日国家安全生产监督管理总局局长办公会议审议通过，现予公布，自 2011 年 12 月 1 日起施行。

国家安全生产监督管理总局局长　骆琳

二〇一一年八月五日

危险化学品重大危险源监督管理暂行规定

（2011 年 8 月 5 日国家安全监管总局令第 40 号公布，

根据 2015 年 5 月 27 日国家安全监管总局令第 79 号修正）

第一章　总　　则

第一条　为了加强危险化学品重大危险源的安全监督管理，防止和减少危险化学品事故的发生，保障人民群众生命财产安全，根据《中华人民共和国安全生产法》和《危险化学品安全管理条例》等有关法律、行政法规，制定本规定。

第二条　从事危险化学品生产、储存、使用和经营的单位（以下统称危险化学品单位）的危险化学品重大危险源的辨识、评估、登记建档、备案、核销及其监督管理，适用本规定。

城镇燃气、用于国防科研生产的危险化学品重大危险源以及港区内危险化学品重大危险源的安全监督管理，不适用本规定。

第三条 本规定所称危险化学品重大危险源（以下简称重大危险源），是指按照《危险化学品重大危险源辨识》（GB 18218）标准辨识确定，生产、储存、使用或者搬运危险化学品的数量等于或者超过临界量的单元（包括场所和设施）。

第四条 危险化学品单位是本单位重大危险源安全管理的责任主体，其主要负责人对本单位的重大危险源安全管理工作负责，并保证重大危险源安全生产所必需的安全投入。

第五条 重大危险源的安全监督管理实行属地监管与分级管理相结合的原则。

县级以上地方人民政府安全生产监督管理部门按照有关法律、法规、标准和本规定，对本辖区内的重大危险源实施安全监督管理。

第六条 国家鼓励危险化学品单位采用有利于提高重大危险源安全保障水平的先进适用的工艺、技术、设备以及自动控制系统，推进安全生产监督管理部门重大危险源安全监管的信息化建设。

第二章 辨 识 与 评 估

第七条 危险化学品单位应当按照《危险化学品重大危险源辨识》标准，对本单位的危险化学品生产、经营、储存和使用装置、设施或者场所进行重大危险源辨识，并记录辨识过程与结果。

第八条 危险化学品单位应当对重大危险源进行安全评估并确定重大危险源等级。危险化学品单位可以组织本单位的注册安全工程师、技术人员或者聘请有关专家进行安全评估，也可以委托具有相应资质的安全评价机构进行安全评估。

依照法律、行政法规的规定，危险化学品单位需要进行安全评价的，重大危险源安全评估可以与本单位的安全评价一起进行，以安全评价报告代替安全评估报告，也可以单独进行重大危险源安全评估。

重大危险源根据其危险程度，分为一级、二级、三级和四级，一级为最高级别。重大危险源分级方法由本规定附件 1 列示。

第九条 重大危险源有下列情形之一的，应当委托具有相应资质的安全评价机构，按照有关标准的规定采用定量风险评价方法进行安全评估，确定个人和社会风险值：

（一）构成一级或者二级重大危险源，且毒性气体实际存在（在线）量与其在《危险化学品重大危险源辨识》中规定的临界量比值之和大于或等于1的。

（二）构成一级重大危险源，且爆炸品或液化易燃气体实际存在（在线）量与其在《危险化学品重大危险源辨识》中规定的临界量比值之和大于或等于1的。

第十条 重大危险源安全评估报告应当客观公正、数据准确、内容完整、结论明确、措施可行，并包括下列内容：

（一）评估的主要依据。

（二）重大危险源的基本情况。

（三）事故发生的可能性及危害程度。

（四）个人风险和社会风险值（仅适用定量风险评价方法）。

（五）可能受事故影响的周边场所、人员情况。

（六）重大危险源辨识、分级的符合性分析。

（七）安全管理措施、安全技术和监控措施。

（八）事故应急措施。

（九）评估结论与建议。

危险化学品单位以安全评价报告代替安全评估报告的，其安全评价报告中有关重大危险源的内容应当符合本条第一款规定的要求。

第十一条 有下列情形之一的，危险化学品单位应当对重大危险源重新进行辨识、安全评估及分级：

（一）重大危险源安全评估已满三年的。

（二）构成重大危险源的装置、设施或者场所进行新建、改建、扩建的。

（三）危险化学品种类、数量、生产、使用工艺或者储存方式及重要设备、设施等发生变化，影响重大危险源级别或者风险程度的。

（四）外界生产安全环境因素发生变化，影响重大危险源级别和风险程度的。

（五）发生危险化学品事故造成人员死亡，或者 10 人以上受伤，或者影响到公共安全的。

（六）有关重大危险源辨识和安全评估的国家标准、行业标准发生变化的。

第三章 安 全 管 理

第十二条 危险化学品单位应当建立完善重大危险源安全管理规章制度和安全操作规程,并采取有效措施保证其得到执行。

第十三条 危险化学品单位应当根据构成重大危险源的危险化学品种类、数量、生产、使用工艺(方式)或者相关设备、设施等实际情况,按照下列要求建立健全安全监测监控体系,完善控制措施:

(一)重大危险源配备温度、压力、液位、流量、组份等信息的不间断采集和监测系统以及可燃气体和有毒有害气体泄漏检测报警装置,并具备信息远传、连续记录、事故预警、信息存储等功能;一级或者二级重大危险源,具备紧急停车功能。记录的电子数据的保存时间不少于 30 天。

(二)重大危险源的化工生产装置装备满足安全生产要求的自动化控制系统;一级或者二级重大危险源,装备紧急停车系统。

(三)对重大危险源中的毒性气体、剧毒液体和易燃气体等重点设施,设置紧急切断装置;毒性气体的设施,设置泄漏物紧急处置装置。涉及毒性气体、液化气体、剧毒液体的一级或者二级重大危险源,配备独立的安全仪表系统(SIS)。

(四)重大危险源中储存剧毒物质的场所或者设施,设置视频监控系统。

(五)安全监测监控系统符合国家标准或者行业标准的规定。

第十四条 通过定量风险评价确定的重大危险源的个人和社会风险值,不得超过本规定附件 2 列示的个人和社会可容许风险限值标准。

超过个人和社会可容许风险限值标准的,危险化学品单位应当采取相应的降低风险措施。

第十五条 危险化学品单位应当按照国家有关规定,定期对重大危险源的安全设施和安全监测监控系统进行检测、检验,并进行经常性维护、保养,保证重大危险源的安全设施和安全监测监控系统有效、可靠运行。维护、保养、检测应当作好记录,并由有关人员签字。

第十六条 危险化学品单位应当明确重大危险源中关键装置、重点部位的责任人或者责任机构,并对重大危险源的安全生产状况进行定期检查,及时采取措施消除事故隐患。事故隐患难以立即排除的,应当及时制定治理方案,落实整改措施、责任、资金、时限和预案。

第十七条 危险化学品单位应当对重大危险源的管理和操作岗位人员进行安全操作技能培训，使其了解重大危险源的危险特性，熟悉重大危险源安全管理规章制度和安全操作规程，掌握本岗位的安全操作技能和应急措施。

第十八条 危险化学品单位应当在重大危险源所在场所设置明显的安全警示标志，写明紧急情况下的应急处置办法。

第十九条 危险化学品单位应当将重大危险源可能发生的事故后果和应急措施等信息，以适当方式告知可能受影响的单位、区域及人员。

第二十条 危险化学品单位应当依法制定重大危险源事故应急预案，建立应急救援组织或者配备应急救援人员，配备必要的防护装备及应急救援器材、设备、物资，并保障其完好和方便使用；配合地方人民政府安全生产监督管理部门制定所在地区涉及本单位的危险化学品事故应急预案。

对存在吸入性有毒、有害气体的重大危险源，危险化学品单位应当配备便携式浓度检测设备、空气呼吸器、化学防护服、堵漏器材等应急器材和设备；涉及剧毒气体的重大危险源，还应当配备两套以上（含本数）气密型化学防护服；涉及易燃易爆气体或者易燃液体蒸气的重大危险源，还应当配备一定数量的便携式可燃气体检测设备。

第二十一条 危险化学品单位应当制定重大危险源事故应急预案演练计划，并按照下列要求进行事故应急预案演练：

（一）对重大危险源专项应急预案，每年至少进行一次。

（二）对重大危险源现场处置方案，每半年至少进行一次。

应急预案演练结束后，危险化学品单位应当对应急预案演练效果进行评估，撰写应急预案演练评估报告，分析存在的问题，对应急预案提出修订意见，并及时修订完善。

第二十二条 危险化学品单位应当对辨识确认的重大危险源及时、逐项进行登记建档。

重大危险源档案应当包括下列文件、资料：

（一）辨识、分级记录。

（二）重大危险源基本特征表。

（三）涉及的所有化学品安全技术说明书。

（四）区域位置图、平面布置图、工艺流程图和主要设备一览表。

（五）重大危险源安全管理规章制度及安全操作规程。

（六）安全监测监控系统、措施说明、检测、检验结果。

（七）重大危险源事故应急预案、评审意见、演练计划和评估报告。

（八）安全评估报告或者安全评价报告。

（九）重大危险源关键装置、重点部位的责任人、责任机构名称。

（十）重大危险源场所安全警示标志的设置情况。

（十一）其他文件、资料。

第二十三条　危险化学品单位在完成重大危险源安全评估报告或者安全评价报告后15日内，应当填写重大危险源备案申请表，连同本规定第二十二条规定的重大危险源档案材料（其中第二款第五项规定的文件资料只需提供清单），报送所在地县级人民政府安全生产监督管理部门备案。

县级人民政府安全生产监督管理部门应当每季度将辖区内的一级、二级重大危险源备案材料报送至设区的市级人民政府安全生产监督管理部门。设区的市级人民政府安全生产监督管理部门应当每半年将辖区内的一级重大危险源备案材料报送至省级人民政府安全生产监督管理部门。

重大危险源出现本规定第十一条所列情形之一的，危险化学品单位应当及时更新档案，并向所在地县级人民政府安全生产监督管理部门重新备案。

第二十四条　危险化学品单位新建、改建和扩建危险化学品建设项目，应当在建设项目竣工验收前完成重大危险源的辨识、安全评估和分级、登记建档工作，并向所在地县级人民政府安全生产监督管理部门备案。

第四章　监　督　检　查

第二十五条　县级人民政府安全生产监督管理部门应当建立健全危险化学品重大危险源管理制度，明确责任人员，加强资料归档。

第二十六条　县级人民政府安全生产监督管理部门应当在每年 1 月 15 日前，将辖区内上一年度重大危险源的汇总信息报送至设区的市级人民政府安全生产监督管理部门。设区的市级人民政府安全生产监督管理部门应当在每年 1 月 31 日前，将辖区内上一年度重大危险源的汇总信息报送至省级人民政府安全生产监督管理部门。省级人民政府安全生产监督管理部门应当在每年 2 月 15 日前，将辖区内上一年度重大危险源的汇总信息报送至国家安全生产监督管理总局。

第二十七条　重大危险源经过安全评价或者安全评估不再构成重大危险源

的，危险化学品单位应当向所在地县级人民政府安全生产监督管理部门申请核销。

申请核销重大危险源应当提交下列文件、资料：

（一）载明核销理由的申请书。

（二）单位名称、法定代表人、住所、联系人、联系方式。

（三）安全评价报告或者安全评估报告。

第二十八条 县级人民政府安全生产监督管理部门应当自收到申请核销的文件、资料之日起30日内进行审查，符合条件的，予以核销并出具证明文书；不符合条件的，说明理由并书面告知申请单位。必要时，县级人民政府安全生产监督管理部门应当聘请有关专家进行现场核查。

第二十九条 县级人民政府安全生产监督管理部门应当每季度将辖区内一级、二级重大危险源的核销材料报送至设区的市级人民政府安全生产监督管理部门。设区的市级人民政府安全生产监督管理部门应当每半年将辖区内一级重大危险源的核销材料报送至省级人民政府安全生产监督管理部门。

第三十条 县级以上地方各级人民政府安全生产监督管理部门应当加强对存在重大危险源的危险化学品单位的监督检查，督促危险化学品单位做好重大危险源的辨识、安全评估及分级、登记建档、备案、监测监控、事故应急预案编制、核销和安全管理工作。

首次对重大危险源的监督检查应当包括下列主要内容：

（一）重大危险源的运行情况、安全管理规章制度及安全操作规程制定和落实情况。

（二）重大危险源的辨识、分级、安全评估、登记建档、备案情况。

（三）重大危险源的监测监控情况。

（四）重大危险源安全设施和安全监测监控系统的检测、检验以及维护保养情况。

（五）重大危险源事故应急预案的编制、评审、备案、修订和演练情况。

（六）有关从业人员的安全培训教育情况。

（七）安全标志设置情况。

（八）应急救援器材、设备、物资配备情况。

（九）预防和控制事故措施的落实情况。

安全生产监督管理部门在监督检查中发现重大危险源存在事故隐患的，应当责令立即排除；重大事故隐患排除前或者排除过程中无法保证安全的，应当责令从危险区域内撤出作业人员，责令暂时停产停业或者停止使用；重大事故隐患排除后，经安全生产监督管理部门审查同意，方可恢复生产经营和使用。

第三十一条　县级以上地方各级人民政府安全生产监督管理部门应当会同本级人民政府有关部门，加强对工业（化工）园区等重大危险源集中区域的监督检查，确保重大危险源与周边单位、居民区、人员密集场所等重要目标和敏感场所之间保持适当的安全距离。

第五章　法　律　责　任

第三十二条　危险化学品单位有下列行为之一的，由县级以上人民政府安全生产监督管理部门责令限期改正，可以处 10 万元以下的罚款；逾期未改正的，责令停产停业整顿，并处 10 万元以上 20 万元以下的罚款，对其直接负责的主管人员和其他直接责任人员处 2 万元以上 5 万元以下的罚款；构成犯罪的，依照刑法有关规定追究刑事责任：

（一）未按照本规定要求对重大危险源进行安全评估或者安全评价的。

（二）未按照本规定要求对重大危险源进行登记建档的。

（三）未按照本规定及相关标准要求对重大危险源进行安全监测监控的。

（四）未制定重大危险源事故应急预案的。

第三十三条　危险化学品单位有下列行为之一的，由县级以上人民政府安全生产监督管理部门责令限期改正，可以处 5 万元以下的罚款；逾期未改正的，处 5 万元以上 20 万元以下的罚款，对其直接负责的主管人员和其他直接责任人员处 1 万元以上 2 万元以下的罚款；情节严重的，责令停产停业整顿；构成犯罪的，依照刑法有关规定追究刑事责任：

（一）未在构成重大危险源的场所设置明显的安全警示标志的。

（二）未对重大危险源中的设备、设施等进行定期检测、检验的。

第三十四条　危险化学品单位有下列情形之一的，由县级以上人民政府安全生产监督管理部门给予警告，可以并处 5000 元以上 3 万元以下的罚款：

（一）未按照标准对重大危险源进行辨识的。

（二）未按照本规定明确重大危险源中关键装置、重点部位的责任人或者责任机构的。

（三）未按照本规定建立应急救援组织或者配备应急救援人员，以及配备必要的防护装备及器材、设备、物资，并保障其完好的。

（四）未按照本规定进行重大危险源备案或者核销的。

（五）未将重大危险源可能引发的事故后果、应急措施等信息告知可能受影响的单位、区域及人员的。

（六）未按照本规定要求开展重大危险源事故应急预案演练的。

第三十五条　危险化学品单位未按照本规定对重大危险源的安全生产状况进行定期检查，采取措施消除事故隐患的，责令立即消除或者限期消除；危险化学品单位拒不执行的，责令停产停业整顿，并处 10 万元以上 20 万元以下的罚款，对其直接负责的主管人员和其他直接责任人员处 2 万元以上 5 万元以下的罚款。

第三十六条　承担检测、检验、安全评价工作的机构，出具虚假证明的，没收违法所得；违法所得在 10 万元以上的，并处违法所得 2 倍以上 5 倍以下的罚款；没有违法所得或者违法所得不足 10 万元的，单处或者并处 10 万元以上 20 万元以下的罚款；对其直接负责的主管人员和其他直接责任人员处 2 万元以上 5 万元以下的罚款；给他人造成损害的，与危险化学品单位承担连带赔偿责任；构成犯罪的，依照刑法有关规定追究刑事责任。

对有前款违法行为的机构，依法吊销其相应资质。

第六章　附　　则

第三十七条　本规定自 2011 年 12 月 1 日起施行。

附件 1

危险化学品重大危险源分级方法

一、分级指标

采用单元内各种危险化学品实际存在（在线）量与其在《危险化学品重大危险源辨识》（GB 18218）中规定的临界量比值，经校正系数校正后的比值之和 R 作为分级指标。

二、R 的计算方法

$$R = \alpha \left(\beta_1 \frac{q_1}{Q_1} + \beta_2 \frac{q_2}{Q_2} + \cdots + \beta_n \frac{q_n}{Q_n} \right)$$

式中：$q_1, q_2, \cdots, q_n$ ——每种危险化学品实际存在（在线）量，t；

$Q_1, Q_2, \cdots, Q_n$ ——与各危险化学品相对应的临界量，t；

$\beta_1, \beta_2, \cdots, \beta_n$ ——与各危险化学品相对应的校正系数；

α ——该危险化学品重大危险源厂区外暴露人员的校正系数。

三、校正系数 β 的取值

根据单元内危险化学品的类别不同，设定校正系数 β 值，见表 1 和表 2。

表 1　　　　　　　　　　校正系数 β 取值表

危险化学品类别	毒性气体	爆炸品	易燃气体	其他类危险化学品
β	见表 2	2	1.5	1

注　危险化学品类别依据《危险货物品名表》中分类标准确定。

表 2　　　　　　　　常见毒性气体校正系数 β 值取值表

毒性气体名称	一氧化碳	二氧化硫	氨	环氧乙烷	氯化氢	溴甲烷	氯
β	2	2	2	2	3	3	4
毒性气体名称	硫化氢	氟化氢	二氧化氮	氰化氢	碳酰氯	磷化氢	异氰酸甲酯
β	5	5	10	10	20	20	20

注　未在表 2 中列出的有毒气体可按 β=2 取值，剧毒气体可按 β=4 取值。

四、校正系数 α 的取值

根据重大危险源的厂区边界向外扩展 500 米范围内常住人口数量，设定厂外暴露人员校正系数 α 值，见表 3。

表3 校正系数 α 取值表

厂外可能暴露人员数量	α
100 人以上	2.0
50 人～99 人	1.5
30 人～49 人	1.2
1 人～29 人	1.0
0 人	0.5

五、分级标准

根据计算出来的 R 值，按表4确定危险化学品重大危险源的级别。

表4 危险化学品重大危险源级别和 R 值的对应关系

危险化学品重大危险源级别	R 值
一级	$R \geqslant 100$
二级	$100 > R \geqslant 250$
三级	$50 > R \geqslant 10$
四级	$R < 10$

附件 2

可 容 许 风 险 标 准

一、可容许个人风险标准

个人风险是指因危险化学品重大危险源各种潜在的火灾、爆炸、有毒气体泄漏事故造成区域内某一固定位置人员的个体死亡概率，即单位时间内（通常为年）的个体死亡率。通常用个人风险等值线表示。

通过定量风险评价，危险化学品单位周边重要目标和敏感场所承受的个人风险应满足表 1 中可容许风险标准要求。

表 1   可容许个人风险标准

危险化学品单位周边重要目标和敏感场所类别	可容许风险（/年）
（1）高敏感场所（如学校、医院、幼儿园、养老院等）； （2）重要目标（如党政机关、军事管理区、文物保护单位等）； （3）特殊高密度场所（如大型体育场、大型交通枢纽等）	$<3×10^{-7}$
（1）居住类高密度场所（如居民区、宾馆、度假村等）； （2）公众聚集类高密度场所（如办公场所、商场、饭店、娱乐场所等）	$<1×10^{-6}$

二、可容许社会风险标准

社会风险是指能够引起大于等于 N 人死亡的事故累积频率（F），也即单位时间内（通常为年）的死亡人数。通常用社会风险曲线（$F-N$ 曲线）表示。

可容许社会风险标准采用 ALARP（As Low As Reasonable Practice）原则作为可接受原则。ALARP 原则通过两个风险分界线将风险划分为 3 个区域，即不可容许区、尽可能降低区（ALARP）和可容许区。

（1）若社会风险曲线落在不可容许区，除特殊情况外，该风险无论如何不能被接受。

（2）若落在可容许区，风险处于很低的水平，该风险是可以被接受的，无需采取安全改进措施。

（3）若落在尽可能降低区，则需要在可能的情况下尽量减少风险，即对各种风险处理措施方案进行成本效益分析等，以决定是否采取这些措施。

通过定量风险评价，危险化学品重大危险源产生的社会风险应满足图 1 中可容许社会风险标准要求。

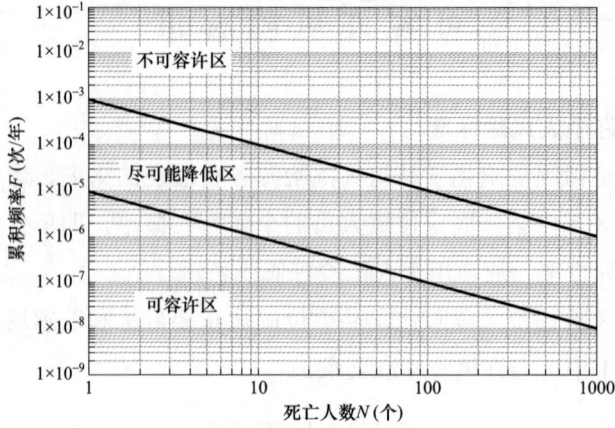

图 1　可容许社会风险标准（F–N）曲线

3. 危险化学品生产企业安全生产许可证实施办法

国家安全生产监督管理总局令

第 41 号

新修订的《危险化学品生产企业安全生产许可证实施办法》已经 2011 年 7 月 22 日国家安全生产监督管理总局局长办公会议审议通过，现予公布，自 2011 年 12 月 1 日起施行。原国家安全生产监督管理局（国家煤矿安全监察局）2004 年 5 月 17 日公布的《危险化学品生产企业安全生产许可证实施办法》[原国家安全生产监督管理局（国家煤矿安全监察局）令第 10 号] 同时废止。

国家安全生产监督管理总局局长　骆琳

二〇一一年八月五日

危险化学品生产企业安全生产许可证实施办法

第一章　总　　则

第一条　为了严格规范危险化学品生产企业安全生产条件，做好危险化学品生产企业安全生产许可证的颁发和管理工作，根据《安全生产许可证条例》《危险化学品安全管理条例》等法律、行政法规，制定本实施办法。

第二条　本办法所称危险化学品生产企业（以下简称企业），是指依法设立且取得工商营业执照或者工商核准文件从事生产最终产品或者中间产品列入《危险化学品目录》的企业。

第三条　企业应当依照本办法的规定取得危险化学品安全生产许可证（以

下简称安全生产许可证）。未取得安全生产许可证的企业，不得从事危险化学品的生产活动。

企业涉及使用有毒物品的，除安全生产许可证外，还应当依法取得职业卫生安全许可证。

第四条 安全生产许可证的颁发管理工作实行企业申请、两级发证、属地监管的原则。

第五条 国家安全生产监督管理总局指导、监督全国安全生产许可证的颁发管理工作，并负责涉及危险化学品生产的中央企业及其直接控股涉及危险化学品生产的企业（总部）安全生产许可证的颁发管理。

省、自治区、直辖市安全生产监督管理部门（以下简称省级安全生产监督管理部门）负责本行政区域内本条第一款规定以外的企业安全生产许可证的颁发管理。

第六条 省级安全生产监督管理部门可以将其负责的安全生产许可证颁发工作，委托企业所在地设区的市级或者县级安全生产监督管理部门实施。涉及剧毒化学品生产的企业安全生产许可证颁发工作，不得委托实施。国家安全生产监督管理总局公布的涉及危险化工工艺和重点监管危险化学品的企业安全生产许可证颁发工作，不得委托县级安全生产监督管理部门实施。

受委托的设区的市级或者县级安全生产监督管理部门在受委托的范围内，以省级安全生产监督管理部门的名义实施许可，但不得再委托其他组织和个人实施。

国家安全生产监督管理总局、省级安全生产监督管理部门和受委托的设区的市级或者县级安全生产监督管理部门统称实施机关。

第七条 省级安全生产监督管理部门应当将受委托的设区的市级或者县级安全生产监督管理部门以及委托事项予以公告。

省级安全生产监督管理部门应当指导、监督受委托的设区的市级或者县级安全生产监督管理部门颁发安全生产许可证，并对其法律后果负责。

第二章　申请安全生产许可证的条件

第八条 企业选址布局、规划设计以及与重要场所、设施、区域的距离应当符合下列要求：

（一）国家产业政策；当地县级以上（含县级）人民政府的规划和布局；新

设立企业建在地方人民政府规划的专门用于危险化学品生产、储存的区域内。

（二）危险化学品生产装置或者储存危险化学品数量构成重大危险源的储存设施，与《危险化学品安全管理条例》第十九条第一款规定的八类场所、设施、区域的距离符合有关法律、法规、规章和国家标准或者行业标准的规定。

（三）总体布局符合《化工企业总图运输设计规范》（GB 50489）、《工业企业总平面设计规范》（GB 50187）、《建筑设计防火规范》（GB 50016）等标准的要求。

石油化工企业除符合本条第一款规定条件外，还应当符合《石油化工企业设计防火规范》（GB 50160）的要求。

第九条 企业的厂房、作业场所、储存设施和安全设施、设备、工艺应当符合下列要求：

（一）新建、改建、扩建建设项目经具备国家规定资质的单位设计、制造和施工建设；涉及危险化工工艺、重点监管危险化学品的装置，由具有综合甲级资质或者化工石化专业甲级设计资质的化工石化设计单位设计。

（二）不得采用国家明令淘汰、禁止使用和危及安全生产的工艺、设备；新开发的危险化学品生产工艺必须在小试、中试、工业化试验的基础上逐步放大到工业化生产；国内首次使用的化工工艺，必须经过省级人民政府有关部门组织的安全可靠性论证。

（三）涉及危险化工工艺、重点监管危险化学品的装置装设自动化控制系统；涉及危险化工工艺的大型化工装置装设紧急停车系统；涉及易燃易爆、有毒有害气体化学品的场所装设易燃易爆、有毒有害介质泄漏报警等安全设施。

（四）生产区与非生产区分开设置，并符合国家标准或者行业标准规定的距离。

（五）危险化学品生产装置和储存设施之间及其与建（构）筑物之间的距离符合有关标准规范的规定。

同一厂区内的设备、设施及建（构）筑物的布置必须适用同一标准的规定。

第十条 企业应当有相应的职业危害防护设施，并为从业人员配备符合国家标准或者行业标准的劳动防护用品。

第十一条 企业应当依据《危险化学品重大危险源辨识》（GB 18218），对本企业的生产、储存和使用装置、设施或者场所进行重大危险源辨识。

对已确定为重大危险源的生产和储存设施，应当执行《危险化学品重大危险源监督管理暂行规定》。

第十二条 企业应当依法设置安全生产管理机构，配备专职安全生产管理人员。配备的专职安全生产管理人员必须能够满足安全生产的需要。

第十三条 企业应当建立全员安全生产责任制，保证每位从业人员的安全生产责任与职务、岗位相匹配。

第十四条 企业应当根据化工工艺、装置、设施等实际情况，制定完善下列主要安全生产规章制度：

（一）安全生产例会等安全生产会议制度。

（二）安全投入保障制度。

（三）安全生产奖惩制度。

（四）安全培训教育制度。

（五）领导干部轮流现场带班制度。

（六）特种作业人员管理制度。

（七）安全检查和隐患排查治理制度。

（八）重大危险源评估和安全管理制度。

（九）变更管理制度。

（十）应急管理制度。

（十一）生产安全事故或者重大事件管理制度。

（十二）防火、防爆、防中毒、防泄漏管理制度。

（十三）工艺、设备、电气仪表、公用工程安全管理制度。

（十四）动火、进入受限空间、吊装、高处、盲板抽堵、动土、断路、设备检维修等作业安全管理制度。

（十五）危险化学品安全管理制度。

（十六）职业健康相关管理制度。

（十七）劳动防护用品使用维护管理制度。

（十八）承包商管理制度。

（十九）安全管理制度及操作规程定期修订制度。

第十五条 企业应当根据危险化学品的生产工艺、技术、设备特点和原辅料、产品的危险性编制岗位操作安全规程。

第十六条 企业主要负责人、分管安全负责人和安全生产管理人员必须具备与其从事的生产经营活动相适应的安全生产知识和管理能力，依法参加安全生产培训，并经考核合格，取得安全资格证书。

企业分管安全负责人、分管生产负责人、分管技术负责人应当具有一定的化工专业知识或者相应的专业学历，专职安全生产管理人员应当具备国民教育化工化学类（或安全工程）中等职业教育以上学历或者化工化学类中级以上专业技术职称，或者具备危险物品安全类注册安全工程师资格。

特种作业人员应当依照《特种作业人员安全技术培训考核管理规定》，经专门的安全技术培训并考核合格，取得特种作业操作证书。

本条第一、二、三款规定以外的其他从业人员应当按照国家有关规定，经安全教育培训合格。

第十七条 企业应当按照国家规定提取与安全生产有关的费用，并保证安全生产所必须的资金投入。

第十八条 企业应当依法参加工伤保险，为从业人员缴纳保险费。

第十九条 企业应当依法委托具备国家规定资质的安全评价机构进行安全评价，并按照安全评价报告的意见对存在的安全生产问题进行整改。

第二十条 企业应当依法进行危险化学品登记，为用户提供化学品安全技术说明书，并在危险化学品包装（包括外包装件）上粘贴或者拴挂与包装内危险化学品相符的化学品安全标签。

第二十一条 企业应当符合下列应急管理要求：

（一）按照国家有关规定编制危险化学品事故应急预案并报有关部门备案。

（二）建立应急救援组织或者明确应急救援人员，配备必要的应急救援器材、设备设施，并定期进行演练。

生产、储存和使用氯气、氨气、光气、硫化氢等吸入性有毒有害气体的企业，除符合本条第一款的规定外，还应当配备至少两套以上全封闭防化服；构成重大危险源的，还应当设立气体防护站（组）。

第二十二条 企业除符合本章规定的安全生产条件，还应当符合有关法律、行政法规和国家标准或者行业标准规定的其他安全生产条件。

第三章 安全生产许可证的申请

第二十三条 中央企业及其直接控股涉及危险化学品生产的企业（总部）向国家安全生产监督管理总局申请安全生产许可证。

本条第一款规定以外的企业向所在地省级安全生产监督管理部门或其委托

的安全生产监督管理部门申请安全生产许可证。

第二十四条 新建企业安全生产许可证的申请，应当在危险化学品生产建设项目安全设施竣工验收通过后 10 个工作日内提出。

第二十五条 企业申请安全生产许可证时，应当提交下列文件、资料，并对其内容的真实性负责：

（一）申请安全生产许可证的文件及申请书。

（二）安全生产责任制文件，安全生产规章制度、岗位操作安全规程清单。

（三）设置安全生产管理机构，配备专职安全生产管理人员的文件复制件。

（四）主要负责人、分管安全负责人、安全生产管理人员和特种作业人员的安全资格证或者特种作业操作证复制件。

（五）与安全生产有关的费用提取和使用情况报告，新建企业提交有关安全生产费用提取和使用规定的文件。

（六）为从业人员缴纳工伤保险费的证明材料。

（七）危险化学品事故应急救援预案的备案证明文件。

（八）危险化学品登记证复制件。

（九）工商营业执照副本或者工商核准文件复制件。

（十）具备资质的中介机构出具的安全评价报告。

（十一）新建企业的竣工验收意见书复制件。

（十二）应急救援组织或者应急救援人员，以及应急救援器材、设备设施清单。

中央企业及其直接控股涉及危险化学品生产的企业（总部）提交除本条第一款第四项中的特种作业操作证复制件和第八项、第十项、第十一项规定以外的文件、资料。

有危险化学品重大危险源的企业，除提交本条第一款规定的文件、资料外，还应当提供重大危险源及其应急预案的备案证明文件、资料。

第四章 安全生产许可证的颁发

第二十六条 实施机关收到企业申请文件、资料后，应当按照下列情况分别作出处理：

（一）申请事项依法不需要取得安全生产许可证的，即时告知企业不予受理。

（二）申请事项依法不属于本实施机关职责范围的，即时作出不予受理的决定，并告知企业向相应的实施机关申请。

（三）申请材料存在可以当场更正的错误的，允许企业当场更正，并受理其申请。

（四）申请材料不齐全或者不符合法定形式的，当场告知或者在 5 个工作日内出具补正告知书，一次告知企业需要补正的全部内容；逾期不告知的，自收到申请材料之日起即为受理。

（五）企业申请材料齐全、符合法定形式，或者按照实施机关要求提交全部补正材料的，立即受理其申请。

实施机关受理或者不予受理行政许可申请，应当出具加盖本机关专用印章和注明日期的书面凭证。

第二十七条 安全生产许可证申请受理后，实施机关应当组织对企业提交的申请文件、资料进行审查。对企业提交的文件、资料实质内容存在疑问，需要到现场核查的，应当指派工作人员就有关内容进行现场核查。工作人员应当如实提出现场核查意见。

第二十八条 实施机关应当在受理之日起 45 个工作日内作出是否准予许可的决定。审查过程中的现场核查所需时间不计算在本条规定的期限内。

第二十九条 实施机关作出准予许可决定的，应当自决定之日起 10 个工作日内颁发安全生产许可证。

实施机关作出不予许可的决定的，应当在 10 个工作日内书面告知企业并说明理由。

第三十条 企业在安全生产许可证有效期内变更主要负责人、企业名称或者注册地址的，应当自工商营业执照或者隶属关系变更之日起 10 个工作日内向实施机关提出变更申请，并提交下列文件、资料：

（一）变更后的工商营业执照副本复制件。

（二）变更主要负责人的，还应当提供主要负责人经安全生产监督管理部门考核合格后颁发的安全资格证复制件。

（三）变更注册地址的，还应当提供相关证明材料。

对已经受理的变更申请，实施机关应当在对企业提交的文件、资料审查无误后，方可办理安全生产许可证变更手续。

企业在安全生产许可证有效期内变更隶属关系的，仅需提交隶属关系变更证明材料报实施机关备案。

第三十一条 企业在安全生产许可证有效期内,当原生产装置新增产品或者改变工艺技术对企业的安全生产产生重大影响时,应当对该生产装置或者工艺技术进行专项安全评价,并对安全评价报告中提出的问题进行整改;在整改完成后,向原实施机关提出变更申请,提交安全评价报告。实施机关按照本办法第三十条的规定办理变更手续。

第三十二条 企业在安全生产许可证有效期内,有危险化学品新建、改建、扩建建设项目(以下简称建设项目)的,应当在建设项目安全设施竣工验收合格之日起 10 个工作日内向原实施机关提出变更申请,并提交建设项目安全设施竣工验收意见书等相关文件、资料。实施机关按照本办法第二十七条、第二十八条和第二十九条的规定办理变更手续。

第三十三条 安全生产许可证有效期为 3 年。企业安全生产许可证有效期届满后继续生产危险化学品的,应当在安全生产许可证有效期届满前 3 个月提出延期申请,并提交延期申请书和本办法第二十五条规定的申请文件、资料。

实施机关按照本办法第二十六条、第二十七条、第二十八条、第二十九条的规定进行审查,并作出是否准予延期的决定。

第三十四条 企业在安全生产许可证有效期内,符合下列条件的,其安全生产许可证届满时,经原实施机关同意,可不提交第二十五条第一款第二、七、八、十、十一项规定的文件、资料,直接办理延期手续:

(一)严格遵守有关安全生产的法律、法规和本办法的。

(二)取得安全生产许可证后,加强日常安全生产管理,未降低安全生产条件,并达到安全生产标准化等级二级以上的。

(三)未发生死亡事故的。

第三十五条 安全生产许可证分为正、副本,正本为悬挂式,副本为折页式,正、副本具有同等法律效力。

实施机关应当分别在安全生产许可证正、副本上载明编号、企业名称、主要负责人、注册地址、经济类型、许可范围、有效期、发证机关、发证日期等内容。其中,正本上的"许可范围"应当注明"危险化学品生产",副本上的"许可范围"应当载明生产场所地址和对应的具体品种、生产能力。

安全生产许可证有效期的起始日为实施机关作出许可决定之日,截止日为起始日至三年后同一日期的前一日。有效期内有变更事项的,起始日和截止日不变,载明变更日期。

第三十六条 企业不得出租、出借、买卖或者以其他形式转让其取得的安全生产许可证，或者冒用他人取得的安全生产许可证、使用伪造的安全生产许可证。

第五章 监 督 管 理

第三十七条 实施机关应当坚持公开、公平、公正的原则，依照本办法和有关安全生产行政许可的法律、法规规定，颁发安全生产许可证。

实施机关工作人员在安全生产许可证颁发及其监督管理工作中，不得索取或者接受企业的财物，不得谋取其他非法利益。

第三十八条 实施机关应当加强对安全生产许可证的监督管理，建立、健全安全生产许可证档案管理制度。

第三十九条 有下列情形之一的，实施机关应当撤销已经颁发的安全生产许可证：

（一）超越职权颁发安全生产许可证的。

（二）违反本办法规定的程序颁发安全生产许可证的。

（三）以欺骗、贿赂等不正当手段取得安全生产许可证的。

第四十条 企业取得安全生产许可证后有下列情形之一的，实施机关应当注销其安全生产许可证：

（一）安全生产许可证有效期届满未被批准延续的。

（二）终止危险化学品生产活动的。

（三）安全生产许可证被依法撤销的。

（四）安全生产许可证被依法吊销的。

安全生产许可证注销后，实施机关应当在当地主要新闻媒体或者本机关网站上发布公告，并通报企业所在地人民政府和县级以上安全生产监督管理部门。

第四十一条 省级安全生产监督管理部门应当在每年1月15日前，将本行政区域内上年度安全生产许可证的颁发和管理情况报国家安全生产监督管理总局。

国家安全生产监督管理总局、省级安全生产监督管理部门应当定期向社会公布企业取得安全生产许可的情况，接受社会监督。

第六章 法 律 责 任

第四十二条 实施机关工作人员有下列行为之一的，给予降级或者撤职的处分；构成犯罪的，依法追究刑事责任：

（一）向不符合本办法第二章规定的安全生产条件的企业颁发安全生产许可证的。

（二）发现企业未依法取得安全生产许可证擅自从事危险化学品生产活动，不依法处理的。

（三）发现取得安全生产许可证的企业不再具备本办法第二章规定的安全生产条件，不依法处理的。

（四）接到对违反本办法规定行为的举报后，不及时依法处理的。

（五）在安全生产许可证颁发和监督管理工作中，索取或者接受企业的财物，或者谋取其他非法利益的。

第四十三条　企业取得安全生产许可证后发现其不具备本办法规定的安全生产条件的，依法暂扣其安全生产许可证 1 个月以上 6 个月以下；暂扣期满仍不具备本办法规定的安全生产条件的，依法吊销其安全生产许可证。

第四十四条　企业出租、出借或者以其他形式转让安全生产许可证的，没收违法所得，处 10 万元以上 50 万元以下的罚款，并吊销安全生产许可证；构成犯罪的，依法追究刑事责任。

第四十五条　企业有下列情形之一的，责令停止生产危险化学品，没收违法所得，并处 10 万元以上 50 万元以下的罚款；构成犯罪的，依法追究刑事责任：

（一）未取得安全生产许可证，擅自进行危险化学品生产的。

（二）接受转让的安全生产许可证的。

（三）冒用或者使用伪造的安全生产许可证的。

第四十六条　企业在安全生产许可证有效期届满未办理延期手续，继续进行生产的，责令停止生产，限期补办延期手续，没收违法所得，并处 5 万元以上 10 万元以下的罚款；逾期仍不办理延期手续，继续进行生产的，依照本办法第四十五条的规定进行处罚。

第四十七条　企业在安全生产许可证有效期内主要负责人、企业名称、注册地址、隶属关系发生变更或者新增产品、改变工艺技术对企业安全生产产生重大影响，未按照本办法第三十条规定的时限提出安全生产许可证变更申请的，责令限期申请，处 1 万元以上 3 万元以下的罚款。

第四十八条　企业在安全生产许可证有效期内，其危险化学品建设项目安全设施竣工验收合格后,未按照本办法第三十二条规定的时限提出安全生产许可证变更申请并且擅自投入运行的,责令停止生产,限期申请,没收违法所得,并处 1 万元以上 3 万元以下的罚款。

第四十九条 发现企业隐瞒有关情况或者提供虚假材料申请安全生产许可证的,实施机关不予受理或者不予颁发安全生产许可证,并给予警告,该企业在 1 年内不得再次申请安全生产许可证。

企业以欺骗、贿赂等不正当手段取得安全生产许可证的,自实施机关撤销其安全生产许可证之日起 3 年内,该企业不得再次申请安全生产许可证。

第五十条 安全评价机构有下列情形之一的,给予警告,并处 1 万元以下的罚款;情节严重的,暂停资质半年,并处 1 万元以上 3 万元以下的罚款;对相关责任人依法给予处理:

(一)从业人员不到现场开展安全评价活动的。

(二)安全评价报告与实际情况不符,或者安全评价报告存在重大疏漏,但尚未造成重大损失的。

(三)未按照有关法律、法规、规章和国家标准或者行业标准的规定从事安全评价活动的。

第五十一条 承担安全评价、检测、检验的机构出具虚假报告和证明,构成犯罪的,依照刑法有关规定追究刑事责任;尚不够刑事处罚的,没收违法所得,违法所得在 5 千元以上的,并处违法所得 2 倍以上 5 倍以下的罚款,没有违法所得或者违法所得不足 5 千元的,单处或者并处 5 千元以上 2 万元以下的罚款,对其直接负责的主管人员和其他直接责任人员处 5 千元以上 5 万元以下的罚款;给他人造成损害的,与企业承担连带赔偿责任。

对有本条第一款违法行为的机构,依法撤销其相应资格;该机构取得的资质由其他部门颁发的,将其违法行为通报相关部门。

第五十二条 本办法规定的行政处罚,由国家安全生产监督管理总局、省级安全生产监督管理部门决定。省级安全生产监督管理部门可以委托设区的市级或者县级安全生产监督管理部门实施。

第七章　附　　则

第五十三条 将纯度较低的化学品提纯至纯度较高的危险化学品的,适用本办法。购买某种危险化学品进行分装(包括充装)或者加入非危险化学品的溶剂进行稀释，然后销售或者使用的，不适用本办法。

第五十四条 本办法下列用语的含义：

（一）危险化学品目录，是指国家安全生产监督管理总局会同国务院工业和信息化、公安、环境保护、卫生、质量监督检验检疫、交通运输、铁路、民用航空、农业主管部门，依据《危险化学品安全管理条例》公布的危险化学品目录。

（二）中间产品，是指为满足生产的需要，生产一种或者多种产品为下一个生产过程参与化学反应的原料。

（三）作业场所，是指可能使从业人员接触危险化学品的任何作业活动场所，包括从事危险化学品的生产、操作、处置、储存、装卸等场所。

第五十五条 安全生产许可证由国家安全生产监督管理总局统一印制。

危险化学品安全生产许可的文书、安全生产许可证的格式、内容和编号办法，由国家安全生产监督管理总局另行规定。

第五十六条 省级安全生产监督管理部门可以根据当地实际情况制定安全生产许可证颁发管理的细则，并报国家安全生产监督管理总局备案。

第五十七条 本办法自 2011 年 12 月 1 日起施行。原国家安全生产监督管理局（国家煤矿安全监察局）2004 年 5 月 17 日公布的《危险化学品生产企业安全生产许可证实施办法》同时废止。

4. 危险化学品建设项目安全监督管理办法

国家安全生产监督管理总局令

第 45 号

《危险化学品建设项目安全监督管理办法》已经 2012 年 1 月 4 日国家安全生产监督管理总局局长办公会议审议通过，现予公布，自 2012 年 4 月 1 日起施行。国家安全生产监督管理总局 2006 年 9 月 2 日公布的《危险化学品建设项目安全许可实施办法》同时废止。

国家安全生产监督管理总局 骆琳

二〇一二年一月三十日

危险化学品建设项目安全监督管理办法

第一章 总 则

第一条 为了加强危险化学品建设项目安全监督管理，规范危险化学品建设项目安全审查，根据《中华人民共和国安全生产法》和《危险化学品安全管理条例》等法律、行政法规，制定本办法。

第二条 中华人民共和国境内新建、改建、扩建危险化学品生产、储存的建设项目以及伴有危险化学品产生的化工建设项目（包括危险化学品长输管道建设项目，以下统称建设项目），其安全审查及其监督管理，适用本办法。

危险化学品的勘探、开采及其辅助的储存，原油和天然气勘探、开采的配套输送及储存，城镇燃气的输送及储存等建设项目，不适用本办法。

第三条 本办法所称建设项目安全审查，是指建设项目安全条件审查、安全设施的设计审查和竣工验收。

建设项目的安全审查由建设单位申请，安全生产监督管理部门根据本办法分级负责实施。建设项目未经安全审查的，不得开工建设或者投入生产（使用）。

第四条 国家安全生产监督管理总局指导、监督全国建设项目安全审查的实施工作，并负责实施下列建设项目的安全审查：

（一）国务院审批（核准、备案）的。

（二）跨省、自治区、直辖市的。

省、自治区、直辖市人民政府安全生产监督管理部门（以下简称省级安全生产监督管理部门）指导、监督本行政区域内建设项目安全审查的监督管理工作，确定并公布本部门和本行政区域内由设区的市级人民政府安全生产监督管理部门（以下简称市级安全生产监督管理部门）实施的前款规定以外的建设项目范围，并报国家安全生产监督管理总局备案。

第五条 建设项目有下列情形之一的，应当由省级安全生产监督管理部门负责安全审查：

（一）国务院投资主管部门审批（核准、备案）的。

（二）生产剧毒化学品的。

（三）省级安全生产监督管理部门确定的本办法第四条第一款规定以外的其他建设项目。

第六条 负责实施建设项目安全审查的安全生产监督管理部门根据工作需要，可以将其负责实施的建设项目安全审查工作，委托下一级安全生产监督管理部门实施。委托实施安全审查的，审查结果由委托的安全生产监督管理部门负责。跨省、自治区、直辖市的建设项目和生产剧毒化学品的建设项目，不得委托实施安全审查。

建设项目有下列情形之一的，不得委托县级人民政府安全生产监督管理部门实施安全审查：

（一）涉及国家安全生产监督管理总局公布的重点监管危险化工工艺的。

（二）涉及国家安全生产监督管理总局公布的重点监管危险化学品中的有毒气体、液化气体、易燃液体、爆炸品，且构成重大危险源的。

接受委托的安全生产监督管理部门不得将其受托的建设项目安全审查工作再委托其他单位实施。

第七条 建设项目的设计、施工、监理单位和安全评价机构应当具备相应的资质，并对其工作成果负责。

涉及重点监管危险化工工艺、重点监管危险化学品或者危险化学品重大危险源的建设项目，应当由具有石油化工医药行业相应资质的设计单位设计。

第二章　建设项目安全条件审查

第八条　建设单位应当在建设项目的可行性研究阶段，对下列安全条件进行论证，编制安全条件论证报告：

（一）建设项目是否符合国家和当地政府产业政策与布局。

（二）建设项目是否符合当地政府区域规划。

（三）建设项目选址是否符合《工业企业总平面设计规范》（GB 50187）、《化工企业总图运输设计规范》（GB 50489）等相关标准；涉及危险化学品长输管道的，是否符合《输气管道工程设计规范》（GB 50251）、《石油天然气工程设计防火规范》（GB 50183）等相关标准。

（四）建设项目周边重要场所、区域及居民分布情况，建设项目的设施分布和连续生产经营活动情况及其相互影响情况，安全防范措施是否科学、可行。

（五）当地自然条件对建设项目安全生产的影响和安全措施是否科学、可行。

（六）主要技术、工艺是否成熟可靠。

（七）依托原有生产、储存条件的，其依托条件是否安全可靠。

第九条　建设单位应当在建设项目的可行性研究阶段，委托具备相应资质的安全评价机构对建设项目进行安全评价。

安全评价机构应当根据有关安全生产法律、法规、规章和国家标准、行业标准，对建设项目进行安全评价，出具建设项目安全评价报告。安全评价报告应当符合《危险化学品建设项目安全评价细则》的要求。

第十条　建设项目有下列情形之一的，应当由甲级安全评价机构进行安全评价：

（一）国务院及其投资主管部门审批（核准、备案）的。

（二）生产剧毒化学品的。

（三）跨省、自治区、直辖市的。

（四）法律、法规、规章另有规定的。

第十一条　建设单位应当在建设项目开始初步设计前，向与本办法第四条、第五条规定相应的安全生产监督管理部门申请建设项目安全条件审查，提交下列文件、资料，并对其真实性负责：

（一）建设项目安全条件审查申请书及文件。

（二）建设项目安全条件论证报告。

（三）建设项目安全评价报告。

（四）建设项目批准、核准或者备案文件和规划相关文件（复制件）。

（五）工商行政管理部门颁发的企业营业执照或者企业名称预先核准通知书（复制件）。

第十二条　建设单位申请安全条件审查的文件、资料齐全，符合法定形式的，安全生产监督管理部门应当当场予以受理，并书面告知建设单位。

建设单位申请安全条件审查的文件、资料不齐全或者不符合法定形式的，安全生产监督管理部门应当自收到申请文件、资料之日起五个工作日内一次性书面告知建设单位需要补正的全部内容；逾期不告知的，收到申请文件、资料之日起即为受理。

第十三条　对已经受理的建设项目安全条件审查申请，安全生产监督管理部门应当指派有关人员或者组织专家对申请文件、资料进行审查，并自受理申请之日起四十五日内向建设单位出具建设项目安全条件审查意见书。建设项目安全条件审查意见书的有效期为两年。

根据法定条件和程序，需要对申请文件、资料的实质内容进行核实的，安全生产监督管理部门应当指派两名以上工作人员对建设项目进行现场核查。

建设单位整改现场核查发现的有关问题和修改申请文件、资料所需时间不计算在本条规定的期限内。

第十四条　建设项目有下列情形之一的，安全条件审查不予通过：

（一）安全条件论证报告或者安全评价报告存在重大缺陷、漏项的，包括建设项目主要危险、有害因素辨识和评价不全或者不准确的。

（二）建设项目与周边场所、设施的距离或者拟建场址自然条件不符合有关安全生产法律、法规、规章和国家标准、行业标准的规定的。

（三）主要技术、工艺未确定，或者不符合有关安全生产法律、法规、规章和国家标准、行业标准的规定的。

（四）国内首次使用的化工工艺，未经省级人民政府有关部门组织的安全可靠性论证的。

（五）对安全设施设计提出的对策与建议不符合法律、法规、规章和国家标准、行业标准的规定的。

（六）未委托具备相应资质的安全评价机构进行安全评价的。

（七）隐瞒有关情况或者提供虚假文件、资料的。

建设项目未通过安全条件审查的，建设单位经过整改后可以重新申请建设项目安全条件审查。

第十五条 已经通过安全条件审查的建设项目有下列情形之一的，建设单位应当重新进行安全条件论证和安全评价，并申请审查：

（一）建设项目周边条件发生重大变化的。

（二）变更建设地址的。

（三）主要技术、工艺路线、产品方案或者装置规模发生重大变化的。

（四）建设项目在安全条件审查意见书有效期内未开工建设，期限届满后需要开工建设的。

第三章　建设项目安全设施设计审查

第十六条 设计单位应当根据有关安全生产的法律、法规、规章和国家标准、行业标准以及建设项目安全条件审查意见书，按照《化工建设项目安全设计管理导则》（AQ/T 3033），对建设项目安全设施进行设计，并编制建设项目安全设施设计专篇。建设项目安全设施设计专篇应当符合《危险化学品建设项目安全设施设计专篇编制导则》的要求。

第十七条 建设单位应当在建设项目初步设计完成后、详细设计开始前，向出具建设项目安全条件审查意见书的安全生产监督管理部门申请建设项目安全设施设计审查，提交下列文件、资料，并对其真实性负责：

（一）建设项目安全设施设计审查申请书及文件。

（二）设计单位的设计资质证明文件（复制件）。

（三）建设项目安全设施设计专篇。

第十八条 建设单位申请安全设施设计审查的文件、资料齐全，符合法定形式的，安全生产监督管理部门应当当场予以受理；未经安全条件审查或者审查未通过的，不予受理。受理或者不予受理的情况，安全生产监督管理部门应当书面告知建设单位。

安全设施设计审查申请文件、资料不齐全或者不符合要求的，安全生产监督管理部门应当自收到申请文件、资料之日起五个工作日内一次性书面告知建设单位需要补正的全部内容；逾期不告知的，收到申请文件、资料之日起即为受理。

第十九条 对已经受理的建设项目安全设施设计审查申请，安全生产监督管理部门应当指派有关人员或者组织专家对申请文件、资料进行审查，并在受理申请之日起二十个工作日内作出同意或者不同意建设项目安全设施设计专篇的决定，向建设单位出具建设项目安全设施设计的审查意见书；二十个工作日内不能出具审查意见的，经本部门负责人批准，可以延长十个工作日，并应当将延长的期限和理由告知建设单位。

根据法定条件和程序，需要对申请文件、资料的实质内容进行核实的，安全生产监督管理部门应当指派两名以上工作人员进行现场核查。

建设单位整改现场核查发现的有关问题和修改申请文件、资料所需时间不计算在本条规定的期限内。

第二十条 建设项目安全设施设计有下列情形之一的，审查不予通过：

（一）设计单位资质不符合相关规定的。

（二）未按照有关安全生产的法律、法规、规章和国家标准、行业标准的规定进行设计的。

（三）对未采纳的建设项目安全评价报告中的安全对策和建议，未做充分论证说明的。

（四）隐瞒有关情况或者提供虚假文件、资料的。

建设项目安全设施设计审查未通过的，建设单位经过整改后可以重新申请建设项目安全设施设计的审查。

第二十一条 已经审查通过的建设项目安全设施设计有下列情形之一的，建设单位应当向原审查部门申请建设项目安全设施变更设计的审查：

（一）改变安全设施设计且可能降低安全性能的。

（二）在施工期间重新设计的。

第四章 建设项目试生产（使用）

第二十二条 建设项目安全设施施工完成后，建设单位应当按照有关安全生产法律、法规、规章和国家标准、行业标准的规定，对建设项目安全设施进行检验、检测，保证建设项目安全设施满足危险化学品生产、储存的安全要求，并处于正常适用状态。

第二十三条 建设单位应当组织建设项目的设计、施工、监理等有关单位和专家，研究提出建设项目试生产（使用）[以下简称试生产（使用）] 可能出现的安全问题及对策，并按照有关安全生产法律、法规、规章和国家标准、行业标准的规定，制定周密的试生产（使用）方案。试生产（使用）方案应当包括下列有关安全生产的内容：

（一）建设项目设备及管道试压、吹扫、气密、单机试车、仪表调校、联动试车等生产准备的完成情况。

（二）投料试车方案。

（三）试生产（使用）过程中可能出现的安全问题、对策及应急预案。

（四）建设项目周边环境与建设项目安全试生产（使用）相互影响的确认情况。

（五）危险化学品重大危险源监控措施的落实情况。

（六）人力资源配置情况。

（七）试生产（使用）起止日期。

第二十四条 建设单位在采取有效安全生产措施后，方可将建设项目安全设施与生产、储存、使用的主体装置、设施同时进行试生产（使用）。

试生产（使用）前，建设单位应当组织专家对试生产（使用）方案进行审查。

试生产（使用）时，建设单位应当组织专家对试生产（使用）条件进行确认，对试生产（使用）过程进行技术指导。

第二十五条 建设单位应当在试生产（使用）前，将试生产（使用）方案，报送出具安全设施设计审查意见书的安全生产监督管理部门备案，提交下列文件、资料，并对其真实性负责：

（一）试生产（使用）方案备案表。

（二）试生产（使用）方案。

（三）设计、施工、监理单位对试生产（使用）方案以及是否具备试生产（使用）条件的意见。

（四）专家对试生产（使用）方案的审查意见。

（五）安全设施设计重大变更情况的报告。

（六）施工过程中安全设施设计落实情况的报告。

（七）组织设计漏项、工程质量、工程隐患的检查情况，以及整改措施的落实情况报告。

（八）建设项目施工、监理单位资质证书（复制件）。

（九）建设项目质量监督手续（复制件）。

（十）主要负责人、安全生产管理人员、注册安全工程师资格证书（复制件），以及特种作业人员名单。

（十一）从业人员安全教育、培训合格的证明材料。

（十二）劳动防护用品配备情况说明。

（十三）安全生产责任制文件，安全生产规章制度清单、岗位操作安全规程清单。

（十四）设置安全生产管理机构和配备专职安全生产管理人员的文件（复制件）。

第二十六条 安全生产监督管理部门应当对建设单位报送备案的文件、资料进行审查；符合法定形式的，应当自收到备案文件、资料之日起五个工作日内出具试生产（使用）备案意见书。

第二十七条 建设项目试生产期限应当不少于三十日，不超过一年。需要延期的，可以向原备案部门提出申请。经两次延期后仍不能稳定生产的，建设单位应当立即停止试生产，组织设计、施工、监理等有关单位和专家分析原因，整改问题后，按照本章的规定重新制定试生产（使用）方案并报安全生产监督管理部门备案。

第五章　建设项目安全设施竣工验收

第二十八条 建设项目安全设施施工完成后，施工单位应当编制建设项目安全设施施工情况报告。建设项目安全设施施工情况报告应当包括下列内容：

（一）施工单位的基本情况，包括施工单位以往所承担的建设项目施工情况。

（二）施工单位的资质情况（提供相关资质证明材料复印件）。

（三）施工依据和执行的有关法律、法规、规章和国家标准、行业标准。

（四）施工质量控制情况。

（五）施工变更情况，包括建设项目在施工和试生产期间有关安全生产的设施改动情况。

第二十九条 建设项目试生产期间，建设单位应当按照本办法的规定委托有相应资质的安全评价机构对建设项目及其安全设施试生产（使用）情况进行安全验收评价，且不得委托在可行性研究阶段进行安全评价的同一安全评价机构。

安全评价机构应当根据有关安全生产的法律、法规、规章和国家标准、行业标准进行评价。建设项目安全验收评价报告应当符合《危险化学品建设项目安全评价细则》的要求。

第三十条 建设单位应当在建设项目试生产期限结束前向出具建设项目安全设施设计审查意见书的安全生产监督管理部门申请建设项目安全设施竣工验收，提交下列文件、资料，并对其真实性负责：

（一）建设项目安全设施竣工验收申请书及文件。

（二）建设项目安全设施施工、监理情况报告。

（三）建设项目安全验收评价报告。

（四）试生产（使用）期间是否发生事故、采取的防范措施以及整改情况报告。

（五）为从业人员缴纳工伤保险费的证明材料（复制件）。

（六）危险化学品事故应急预案备案登记表（复制件）。

（七）构成危险化学品重大危险源的，还应当提交危险化学品重大危险源备案证明文件（复制件）。

第三十一条 建设单位提交的建设项目安全设施竣工验收申请文件、资料齐全，符合法定形式的，安全生产监督管理部门应当予以受理，并书面告知建设单位。

建设项目安全设施竣工验收申请文件、资料不齐全或者不符合法定形式的，安全生产监督管理部门应当自收到申请文件、资料之日起五个工作日内一次性书面告知建设单位需要补正的全部内容；逾期不告知的，收到申请文件、资料之日起即为受理。

第三十二条 已经受理的建设项目安全设施竣工验收申请，安全生产监督管理部门应当指派有关人员或者组织专家对申请文件、资料进行审查，并自受理申请之日起二十个工作日内作出同意或者不同意建设项目安全设施投入生产（使用）的决定，向建设单位出具建设项目安全设施竣工验收意见书；二十个工作日内不能出具验收意见书的，经本部门负责人批准，可以延长十个工作日，但应当将延长的期限和理由告知建设单位。

根据法定条件和程序，需要对申请文件、资料的实质内容进行核实的，安全生产监督管理部门应当指派两名以上工作人员进行现场核查。

建设单位整改现场核查发现的有关问题和修改申请文件、资料所需时间不计算在本条规定的期限内。

第三十三条 建设项目安全设施有下列情形之一的，建设项目安全设施竣工验收不予通过：

（一）未委托具备相应资质的施工单位施工的。

（二）未按照已经通过审查的建设项目安全设施设计施工或者施工质量未达到建设项目安全设施设计文件要求的。

（三）建设项目安全设施的施工不符合国家标准、行业标准的规定的。

（四）建设项目安全设施竣工后未按照本办法的规定进行检验、检测，或者经检验、检测不合格的。

（五）未委托具备相应资质的安全评价机构进行安全验收评价的。

（六）安全设施和安全生产条件不符合或者未达到有关安全生产法律、法规、规章和国家标准、行业标准的规定的。

（七）安全验收评价报告存在重大缺陷、漏项，包括建设项目主要危险、有害因素辨识和评价不正确的。

（八）隐瞒有关情况或者提供虚假文件、资料的。

建设项目安全设施竣工验收未通过的，建设单位经过整改后可以再次向原验收部门申请建设项目安全设施竣工验收。

第三十四条 建设单位应当自收到同意投入生产（使用）的建设项目安全设施竣工验收意见书之日起十个工作日内，按照有关法律法规及其配套规章的规定申请有关危险化学品的其他安全许可。

建设项目安全设施竣工验收意见，可以作为生产、经营、使用安全许可的现场核查意见。

第六章 监 督 管 理

第三十五条 建设项目在通过安全条件审查之后、安全设施竣工验收之前，建设单位发生变更的，变更后的建设单位应当及时将证明材料和有关情况报送负责建设项目安全审查的安全生产监督管理部门。

第三十六条 有下列情形之一的，负责审查的安全生产监督管理部门或者其上级安全生产监督管理部门可以撤销建设项目的安全审查：

（一）滥用职权、玩忽职守的。

（二）超越法定职权的。

（三）违反法定程序的。

（四）申请人不具备申请资格或者不符合法定条件的。

（五）依法可以撤销的其他情形。

建设单位以欺骗、贿赂等不正当手段通过安全审查的，应当予以撤销。

第三十七条 安全生产监督管理部门应当建立健全建设项目安全审查档案及其管理制度，并及时将建设项目的安全审查情况通报有关部门。

第三十八条 各级安全生产监督管理部门应当按照各自职责，依法对建设项目安全审查情况进行监督检查，对检查中发现的违反本办法的情况，应当依法作出处理，并通报实施安全审查的安全生产监督管理部门。

第三十九条 市级安全生产监督管理部门应当在每年 1 月 31 日前，将本行政区域内上一年度建设项目安全审查的实施情况报告省级安全生产监督管理部门。

省级安全生产监督管理部门应当在每年 2 月 15 日前，将本行政区域内上一年度建设项目安全审查的实施情况报告国家安全生产监督管理总局。

第七章 法 律 责 任

第四十条 安全生产监督管理部门工作人员徇私舞弊、滥用职权、玩忽职守，未依法履行危险化学品建设项目安全审查和监督管理职责的，依法给予处分。

第四十一条 未经安全条件审查或者安全条件审查未通过，新建、改建、扩建生产、储存危险化学品的建设项目的，责令停止建设，限期改正；逾期不改正的，处五十万元以上一百万元以下的罚款；构成犯罪的，依法追究刑事责任。

建设项目发生本办法第十五条规定的变化后，未重新申请安全条件审查，以及审查未通过擅自建设的，依照前款规定处罚。

第四十二条 建设单位有下列行为之一的，依照《中华人民共和国安全生产法》有关建设项目安全设施设计审查、竣工验收的法律责任条款给予处罚：

（一）建设项目安全设施设计未经审查或者审查未通过，擅自建设的。

（二）建设项目安全设施设计发生本办法第二十一条规定的情形之一，未经变更设计审查或者变更设计审查未通过，擅自建设的。

（三）建设项目的施工单位未根据批准的安全设施设计施工的。

（四）建设项目安全设施未经竣工验收或者验收不合格，擅自投入生产（使用）的。

第四十三条　建设单位有下列行为之一的，责令改正，可以处一万元以下的罚款；逾期未改正的，处一万元以上三万元以下的罚款：

（一）建设项目安全设施竣工后未进行检验、检测的。

（二）在申请建设项目安全审查时提供虚假文件、资料的。

（三）未组织有关单位和专家研究提出试生产（使用）可能出现的安全问题及对策，或者未制定周密的试生产（使用）方案，进行试生产（使用）的。

（四）未组织有关专家对试生产（使用）方案进行审查、对试生产（使用）条件进行检查确认的。

（五）试生产（使用）方案未报安全生产监督管理部门备案的。

第四十四条　建设单位隐瞒有关情况或者提供虚假材料申请建设项目安全审查的，不予受理或者审查不予通过，给予警告，并自安全生产监督管理部门发现之日起一年内不得再次申请该审查。

建设单位采用欺骗、贿赂等不正当手段取得建设项目安全审查的，自安全生产监督管理部门撤销建设项目安全审查之日起三年内不得再次申请该审查。

第四十五条　承担安全评价、检验、检测工作的机构出具虚假报告、证明的，依照《中华人民共和国安全生产法》的有关规定给予处罚。

第八章　附　　则

第四十六条　对于规模较小、危险程度较低和工艺路线简单的建设项目，安全生产监督管理部门可以适当简化建设项目安全审查的程序和内容。

第四十七条　建设项目分期建设的，安全生产监督管理部门可以分期进行安全条件审查、安全设施设计审查、试生产方案备案及安全设施竣工验收。

第四十八条　本办法所称新建项目，是指有下列情形之一的项目：

（一）新设立的企业建设危险化学品生产、储存装置（设施），或者现有企业建设与现有生产、储存活动不同的危险化学品生产、储存装置（设施）的。

（二）新设立的企业建设伴有危险化学品产生的化学品生产装置（设施），或者现有企业建设与现有生产活动不同的伴有危险化学品产生的化学品生产装置（设施）的。

第四十九条　本办法所称改建项目，是指有下列情形之一的项目：

（一）企业对在役危险化学品生产、储存装置（设施），在原址更新技术、工艺、主要装置（设施）、危险化学品种类的。

（二）企业对在役伴有危险化学品产生的化学品生产装置（设施），在原址更新技术、工艺、主要装置（设施）的。

第五十条　本办法所称扩建项目，是指有下列情形之一的项目：

（一）企业建设与现有技术、工艺、主要装置（设施）、危险化学品品种相同，但生产、储存装置（设施）相对独立的。

（二）企业建设与现有技术、工艺、主要装置（设施）相同，但生产装置（设施）相对独立的伴有危险化学品产生的。

第五十一条　实施建设项目安全审查所需的有关文书的内容和格式，由国家安全生产监督管理总局另行规定。

第五十二条　省级安全生产监督管理部门可以根据本办法的规定，制定和公布本行政区域内需要简化安全条件审查和分期安全条件审查的建设项目范围及其审查内容，并报国家安全生产监督管理总局备案。

第五十三条　本办法施行后，负责实施建设项目安全审查的安全生产监督管理部门发生变化的（已通过安全设施竣工验收的建设项目除外），原安全生产监督管理部门应当将建设项目安全审查实施情况及档案移交根据本办法负责实施建设项目安全审查的安全生产监督管理部门。

第五十四条　本办法自 2012 年 4 月 1 日起施行。国家安全生产监督管理总局 2006 年 9 月 2 日公布的《危险化学品建设项目安全许可实施办法》同时废止。

5. 易制毒化学品管理条例

中华人民共和国国务院令

第 445 号

《易制毒化学品管理条例》已经 2005 年 8 月 17 日国务院第 102 次常务会议通过，现予公布，自 2005 年 11 月 1 日起施行。

总理　温家宝

二〇〇五年八月二十六日

易制毒化学品管理条例

（2005 年 8 月 26 日中华人民共和国国务院令第 445 号公布，根据 2014 年 7 月 29 日《国务院关于修改部分行政法规的决定》第一次修订，根据 2016 年 2 月 6 日《国务院关于修改部分行政法规的决定》第二次修订，根据 2018 年 9 月 18 日《国务院关于修改部分行政法规的决定》第三次修订）

第一章 总 则

第一条 为了加强易制毒化学品管理，规范易制毒化学品的生产、经营、购买、运输和进口、出口行为，防止易制毒化学品被用于制造毒品，维护经济和社会秩序，制定本条例。

第二条 国家对易制毒化学品的生产、经营、购买、运输和进口、出口实行分类管理和许可制度。

易制毒化学品分为三类。第一类是可以用于制毒的主要原料，第二类、第三类是可以用于制毒的化学配剂。易制毒化学品的具体分类和品种，由本条例附表列示。

易制毒化学品的分类和品种需要调整的，由国务院公安部门会同国务院药品监督管理部门、安全生产监督管理部门、商务主管部门、卫生主管部门和海关总署提出方案，报国务院批准。

省、自治区、直辖市人民政府认为有必要在本行政区域内调整分类或者增加本条例规定以外的品种的，应当向国务院公安部门提出，由国务院公安部门会同国务院有关行政主管部门提出方案，报国务院批准。

第三条 国务院公安部门、药品监督管理部门、安全生产监督管理部门、商务主管部门、卫生主管部门、海关总署、价格主管部门、铁路主管部门、交通主管部门、市场监督管理部门、生态环境主管部门在各自的职责范围内，负责全国的易制毒化学品有关管理工作；县级以上地方各级人民政府有关行政主管部门在各自的职责范围内，负责本行政区域内的易制毒化学品有关管理工作。

县级以上地方各级人民政府应当加强对易制毒化学品管理工作的领导，及时协调解决易制毒化学品管理工作中的问题。

第四条 易制毒化学品的产品包装和使用说明书，应当标明产品的名称（含学名和通用名）、化学分子式和成分。

第五条 易制毒化学品的生产、经营、购买、运输和进口、出口，除应当遵守本条例的规定外，属于药品和危险化学品的，还应当遵守法律、其他行政法规对药品和危险化学品的有关规定。

禁止走私或者非法生产、经营、购买、转让、运输易制毒化学品。

禁止使用现金或者实物进行易制毒化学品交易。但是，个人合法购买第一类中的药品类易制毒化学品药品制剂和第三类易制毒化学品的除外。

生产、经营、购买、运输和进口、出口易制毒化学品的单位，应当建立单位内部易制毒化学品管理制度。

第六条 国家鼓励向公安机关等有关行政主管部门举报涉及易制毒化学品的违法行为。接到举报的部门应当为举报者保密。对举报属实的，县级以上人民政府及有关行政主管部门应当给予奖励。

第二章 生 产、经 营 管 理

第七条 申请生产第一类易制毒化学品，应当具备下列条件，并经本条例第八条规定的行政主管部门审批，取得生产许可证后，方可进行生产：

（一）属依法登记的化工产品生产企业或者药品生产企业。

（二）有符合国家标准的生产设备、仓储设施和污染物处理设施。

（三）有严格的安全生产管理制度和环境突发事件应急预案。

（四）企业法定代表人和技术、管理人员具有安全生产和易制毒化学品的有关知识，无毒品犯罪记录。

（五）法律、法规、规章规定的其他条件。

申请生产第一类中的药品类易制毒化学品，还应当在仓储场所等重点区域设置电视监控设施以及与公安机关联网的报警装置。

第八条　申请生产第一类中的药品类易制毒化学品的，由省、自治区、直辖市人民政府药品监督管理部门审批；申请生产第一类中的非药品类易制毒化学品的，由省、自治区、直辖市人民政府安全生产监督管理部门审批。

前款规定的行政主管部门应当自收到申请之日起 60 日内，对申请人提交的申请材料进行审查。对符合规定的，发给生产许可证，或者在企业已经取得的有关生产许可证件上标注；不予许可的，应当书面说明理由。

审查第一类易制毒化学品生产许可申请材料时，根据需要，可以进行实地核查和专家评审。

第九条　申请经营第一类易制毒化学品，应当具备下列条件，并经本条例第十条规定的行政主管部门审批，取得经营许可证后，方可进行经营：

（一）属依法登记的化工产品经营企业或者药品经营企业。

（二）有符合国家规定的经营场所，需要储存、保管易制毒化学品的，还应当有符合国家技术标准的仓储设施。

（三）有易制毒化学品的经营管理制度和健全的销售网络。

（四）企业法定代表人和销售、管理人员具有易制毒化学品的有关知识，无毒品犯罪记录。

（五）法律、法规、规章规定的其他条件。

第十条　申请经营第一类中的药品类易制毒化学品的，由省、自治区、直辖市人民政府药品监督管理部门审批；申请经营第一类中的非药品类易制毒化学品的，由省、自治区、直辖市人民政府安全生产监督管理部门审批。

前款规定的行政主管部门应当自收到申请之日起 30 日内，对申请人提交的申请材料进行审查。对符合规定的，发给经营许可证，或者在企业已经取得的有关经营许可证件上标注；不予许可的，应当书面说明理由。

审查第一类易制毒化学品经营许可申请材料时，根据需要，可以进行实地核查。

第十一条　取得第一类易制毒化学品生产许可或者依照本条例第十三条第一款规定已经履行第二类、第三类易制毒化学品备案手续的生产企业，可以经销自产的易制毒化学品。但是，在厂外设立销售网点经销第一类易制毒化学品的，应当依照本条例的规定取得经营许可。

第一类中的药品类易制毒化学品药品单方制剂，由麻醉药品定点经营企业经销，且不得零售。

第十二条　取得第一类易制毒化学品生产、经营许可的企业，应当凭生产、经营许可证到市场监督管理部门办理经营范围变更登记。未经变更登记，不得进行第一类易制毒化学品的生产、经营。

第一类易制毒化学品生产、经营许可证被依法吊销的，行政主管部门应当自作出吊销决定之日起 5 日内通知市场监督管理部门；被吊销许可证的企业，应当及时到市场监督管理部门办理经营范围变更或者企业注销登记。

第十三条　生产第二类、第三类易制毒化学品的，应当自生产之日起 30 日内，将生产的品种、数量等情况，向所在地的设区的市级人民政府安全生产监督管理部门备案。

经营第二类易制毒化学品的，应当自经营之日起 30 日内，将经营的品种、数量、主要流向等情况，向所在地的设区的市级人民政府安全生产监督管理部门备案；经营第三类易制毒化学品的，应当自经营之日起 30 日内，将经营的品种、数量、主要流向等情况，向所在地的县级人民政府安全生产监督管理部门备案。

前两款规定的行政主管部门应当于收到备案材料的当日发给备案证明。

第三章　购　买　管　理

第十四条　申请购买第一类易制毒化学品，应当提交下列证件，经本条例第十五条规定的行政主管部门审批，取得购买许可证：

（一）经营企业提交企业营业执照和合法使用需要证明。

（二）其他组织提交登记证书（成立批准文件）和合法使用需要证明。

第十五条　申请购买第一类中的药品类易制毒化学品的，由所在地的省、自治区、直辖市人民政府药品监督管理部门审批；申请购买第一类中的非药品类易制毒化学品的，由所在地的省、自治区、直辖市人民政府公安机关审批。

前款规定的行政主管部门应当自收到申请之日起 10 日内，对申请人提交的申请材料和证件进行审查。对符合规定的，发给购买许可证；不予许可的，应当书面说明理由。

审查第一类易制毒化学品购买许可申请材料时，根据需要，可以进行实地核查。

第十六条　持有麻醉药品、第一类精神药品购买印鉴卡的医疗机构购买第一类中的药品类易制毒化学品的，无须申请第一类易制毒化学品购买许可证。

个人不得购买第一类、第二类易制毒化学品。

第十七条　购买第二类、第三类易制毒化学品的，应当在购买前将所需购买的品种、数量，向所在地的县级人民政府公安机关备案。个人自用购买少量高锰酸钾的，无须备案。

第十八条　经营单位销售第一类易制毒化学品时，应当查验购买许可证和经办人的身份证明。对委托代购的，还应当查验购买人持有的委托文书。

经营单位在查验无误、留存上述证明材料的复印件后，方可出售第一类易制毒化学品；发现可疑情况的，应当立即向当地公安机关报告。

第十九条　经营单位应当建立易制毒化学品销售台账，如实记录销售的品种、数量、日期、购买方等情况。销售台账和证明材料复印件应当保存 2 年备查。

第一类易制毒化学品的销售情况，应当自销售之日起 5 日内报当地公安机关备案；第一类易制毒化学品的使用单位，应当建立使用台账，并保存 2 年备查。

第二类、第三类易制毒化学品的销售情况，应当自销售之日起 30 日内报当地公安机关备案。

第四章　运　输　管　理

第二十条　跨设区的市级行政区域（直辖市为跨市界）或者在国务院公安部门确定的禁毒形势严峻的重点地区跨县级行政区域运输第一类易制毒化学品

的，由运出地的设区的市级人民政府公安机关审批；运输第二类易制毒化学品的，由运出地的县级人民政府公安机关审批。经审批取得易制毒化学品运输许可证后，方可运输。

运输第三类易制毒化学品的，应当在运输前向运出地的县级人民政府公安机关备案。公安机关应当于收到备案材料的当日发给备案证明。

第二十一条 申请易制毒化学品运输许可，应当提交易制毒化学品的购销合同，货主是企业的，应当提交营业执照；货主是其他组织的，应当提交登记证书（成立批准文件）；货主是个人的，应当提交其个人身份证明。经办人还应当提交本人的身份证明。

公安机关应当自收到第一类易制毒化学品运输许可申请之日起 10 日内，收到第二类易制毒化学品运输许可申请之日起 3 日内，对申请人提交的申请材料进行审查。对符合规定的，发给运输许可证；不予许可的，应当书面说明理由。

审查第一类易制毒化学品运输许可申请材料时，根据需要，可以进行实地核查。

第二十二条 对许可运输第一类易制毒化学品的，发给一次有效的运输许可证。

对许可运输第二类易制毒化学品的，发给 3 个月有效的运输许可证；6 个月内运输安全状况良好的，发给 12 个月有效的运输许可证。

易制毒化学品运输许可证应当载明拟运输的易制毒化学品的品种、数量、运入地、货主及收货人、承运人情况以及运输许可证种类。

第二十三条 运输供教学、科研使用的 100 克以下的麻黄素样品和供医疗机构制剂配方使用的小包装麻黄素以及医疗机构或者麻醉药品经营企业购买麻黄素片剂 6 万片以下、注射剂 1.5 万支以下，货主或者承运人持有依法取得的购买许可证明或者麻醉药品调拨单的，无须申请易制毒化学品运输许可。

第二十四条 接受货主委托运输的，承运人应当查验货主提供的运输许可证或者备案证明，并查验所运货物与运输许可证或者备案证明载明的易制毒化学品品种等情况是否相符；不相符的，不得承运。

运输易制毒化学品，运输人员应当自启运起全程携带运输许可证或者备案证明。公安机关应当在易制毒化学品的运输过程中进行检查。

运输易制毒化学品，应当遵守国家有关货物运输的规定。

第二十五条 因治疗疾病需要，患者、患者近亲属或者患者委托的人凭医疗机构出具的医疗诊断书和本人的身份证明，可以随身携带第一类中的药品类易制毒化学品药品制剂，但是不得超过医用单张处方的最大剂量。

医用单张处方最大剂量，由国务院卫生主管部门规定、公布。

第五章　进口、出口管理

第二十六条 申请进口或者出口易制毒化学品，应当提交下列材料，经国务院商务主管部门或者其委托的省、自治区、直辖市人民政府商务主管部门审批，取得进口或者出口许可证后，方可从事进口、出口活动：

（一）对外贸易经营者备案登记证明复印件。

（二）营业执照副本。

（三）易制毒化学品生产、经营、购买许可证或者备案证明。

（四）进口或者出口合同（协议）副本。

（五）经办人的身份证明。

申请易制毒化学品出口许可的，还应当提交进口方政府主管部门出具的合法使用易制毒化学品的证明或者进口方合法使用的保证文件。

第二十七条 受理易制毒化学品进口、出口申请的商务主管部门应当自收到申请材料之日起 20 日内，对申请材料进行审查，必要时可以进行实地核查。对符合规定的，发给进口或者出口许可证；不予许可的，应当书面说明理由。

对进口第一类中的药品类易制毒化学品的，有关的商务主管部门在作出许可决定前，应当征得国务院药品监督管理部门的同意。

第二十八条 麻黄素等属于重点监控物品范围的易制毒化学品，由国务院商务主管部门会同国务院有关部门核定的企业进口、出口。

第二十九条 国家对易制毒化学品的进口、出口实行国际核查制度。易制毒化学品国际核查目录及核查的具体办法，由国务院商务主管部门会同国务院公安部门规定、公布。

国际核查所用时间不计算在许可期限之内。

对向毒品制造、贩运情形严重的国家或者地区出口易制毒化学品以及本条例规定品种以外的化学品的，可以在国际核查措施以外实施其他管制措施，具体办法由国务院商务主管部门会同国务院公安部门、海关总署等有关部门规定、公布。

第三十条 进口、出口或者过境、转运、通运易制毒化学品的，应当如实向海关申报，并提交进口或者出口许可证。海关凭许可证办理通关手续。

易制毒化学品在境外与保税区、出口加工区等海关特殊监管区域、保税场所之间进出的，适用前款规定。

易制毒化学品在境内与保税区、出口加工区等海关特殊监管区域、保税场所之间进出的，或者在上述海关特殊监管区域、保税场所之间进出的，无须申请易制毒化学品进口或者出口许可证。

进口第一类中的药品类易制毒化学品，还应当提交药品监督管理部门出具的进口药品通关单。

第三十一条 进出境人员随身携带第一类中的药品类易制毒化学品药品制剂和高锰酸钾，应当以自用且数量合理为限，并接受海关监管。

进出境人员不得随身携带前款规定以外的易制毒化学品。

第六章 监 督 检 查

第三十二条 县级以上人民政府公安机关、负责药品监督管理的部门、安全生产监督管理部门、商务主管部门、卫生主管部门、价格主管部门、铁路主管部门、交通主管部门、市场监督管理部门、生态环境主管部门和海关，应当依照本条例和有关法律、行政法规的规定，在各自的职责范围内，加强对易制毒化学品生产、经营、购买、运输、价格以及进口、出口的监督检查；对非法生产、经营、购买、运输易制毒化学品，或者走私易制毒化学品的行为，依法予以查处。

前款规定的行政主管部门在进行易制毒化学品监督检查时，可以依法查看现场、查阅和复制有关资料、记录有关情况、扣押相关的证据材料和违法物品；必要时，可以临时查封有关场所。

被检查的单位或者个人应当如实提供有关情况和材料、物品，不得拒绝或者隐匿。

第三十三条 对依法收缴、查获的易制毒化学品，应当在省、自治区、直辖市或者设区的市级人民政府公安机关、海关或者生态环境主管部门的监督下，区别易制毒化学品的不同情况进行保管、回收，或者依照环境保护法律、行政法规的有关规定，由有资质的单位在生态环境主管部门的监督下销毁。其中，对收缴、查获的第一类中的药品类易制毒化学品，一律销毁。

易制毒化学品违法单位或者个人无力提供保管、回收或者销毁费用的，保管、回收或者销毁的费用在回收所得中开支，或者在有关行政主管部门的禁毒经费中列支。

第三十四条 易制毒化学品丢失、被盗、被抢的，发案单位应当立即向当地公安机关报告，并同时报告当地的县级人民政府负责药品监督管理的部门、安全生产监督管理部门、商务主管部门或者卫生主管部门。接到报案的公安机关应当及时立案查处，并向上级公安机关报告；有关行政主管部门应当逐级上报并配合公安机关的查处。

第三十五条 有关行政主管部门应当将易制毒化学品许可以及依法吊销许可的情况通报有关公安机关和市场监督管理部门；市场监督管理部门应当将生产、经营易制毒化学品企业依法变更或者注销登记的情况通报有关公安机关和行政主管部门。

第三十六条 生产、经营、购买、运输或者进口、出口易制毒化学品的单位，应当于每年3月31日前向许可或者备案的行政主管部门和公安机关报告本单位上年度易制毒化学品的生产、经营、购买、运输或者进口、出口情况；有条件的生产、经营、购买、运输或者进口、出口单位，可以与有关行政主管部门建立计算机联网，及时通报有关经营情况。

第三十七条 县级以上人民政府有关行政主管部门应当加强协调合作，建立易制毒化学品管理情况、监督检查情况以及案件处理情况的通报、交流机制。

第七章 法 律 责 任

第三十八条 违反本条例规定，未经许可或者备案擅自生产、经营、购买、运输易制毒化学品，伪造申请材料骗取易制毒化学品生产、经营、购买或者运输许可证，使用他人的或者伪造、变造、失效的许可证生产、经营、购买、运输易制毒化学品的，由公安机关没收非法生产、经营、购买或者运输的易制毒化学品、用于非法生产易制毒化学品的原料以及非法生产、经营、购买或者运输易制毒化学品的设备、工具，处非法生产、经营、购买或者运输的易制毒化学品货值10倍以上20倍以下的罚款，货值的20倍不足1万元的，按1万元罚款；有违法所得的，没收违法所得；有营业执照的，由市场监督管理部门吊销营业执照；构成犯罪的，依法追究刑事责任。

对有前款规定违法行为的单位或者个人，有关行政主管部门可以自作出行政处罚决定之日起 3 年内，停止受理其易制毒化学品生产、经营、购买、运输或者进口、出口许可申请。

第三十九条 违反本条例规定，走私易制毒化学品的，由海关没收走私的易制毒化学品；有违法所得的，没收违法所得，并依照海关法律、行政法规给予行政处罚；构成犯罪的，依法追究刑事责任。

第四十条 违反本条例规定，有下列行为之一的，由负有监督管理职责的行政主管部门给予警告，责令限期改正，处 1 万元以上 5 万元以下的罚款；对违反规定生产、经营、购买的易制毒化学品可以予以没收；逾期不改正的，责令限期停产停业整顿；逾期整顿不合格的，吊销相应的许可证：

（一）易制毒化学品生产、经营、购买、运输或者进口、出口单位未按规定建立安全管理制度的。

（二）将许可证或者备案证明转借他人使用的。

（三）超出许可的品种、数量生产、经营、购买易制毒化学品的。

（四）生产、经营、购买单位不记录或者不如实记录交易情况、不按规定保存交易记录或者不如实、不及时向公安机关和有关行政主管部门备案销售情况的。

（五）易制毒化学品丢失、被盗、被抢后未及时报告，造成严重后果的。

（六）除个人合法购买第一类中的药品类易制毒化学品药品制剂以及第三类易制毒化学品外，使用现金或者实物进行易制毒化学品交易的。

（七）易制毒化学品的产品包装和使用说明书不符合本条例规定要求的。

（八）生产、经营易制毒化学品的单位不如实或者不按时向有关行政主管部门和公安机关报告年度生产、经销和库存等情况的。

企业的易制毒化学品生产经营许可被依法吊销后，未及时到市场监督管理部门办理经营范围变更或者企业注销登记的，依照前款规定，对易制毒化学品予以没收，并处罚款。

第四十一条 运输的易制毒化学品与易制毒化学品运输许可证或者备案证明载明的品种、数量、运入地、货主及收货人、承运人等情况不符，运输许可证种类不当，或者运输人员未全程携带运输许可证或者备案证明的，由公安机关责令停运整改，处 5000 元以上 5 万元以下的罚款；有危险物品运输资质的，运输主管部门可以依法吊销其运输资质。

个人携带易制毒化学品不符合品种、数量规定的，没收易制毒化学品，处 1000 元以上 5000 元以下的罚款。

第四十二条 生产、经营、购买、运输或者进口、出口易制毒化学品的单位或者个人拒不接受有关行政主管部门监督检查的，由负有监督管理职责的行政主管部门责令改正，对直接负责的主管人员以及其他直接责任人员给予警告；情节严重的，对单位处 1 万元以上 5 万元以下的罚款，对直接负责的主管人员以及其他直接责任人员处 1000 元以上 5000 元以下的罚款；有违反治安管理行为的，依法给予治安管理处罚；构成犯罪的，依法追究刑事责任。

第四十三条 易制毒化学品行政主管部门工作人员在管理工作中有应当许可而不许可、不应当许可而滥许可，不依法受理备案，以及其他滥用职权、玩忽职守、徇私舞弊行为的，依法给予行政处分；构成犯罪的，依法追究刑事责任。

第八章 附 则

第四十四条 易制毒化学品生产、经营、购买、运输和进口、出口许可证，由国务院有关行政主管部门根据各自的职责规定式样并监制。

第四十五条 本条例自 2005 年 11 月 1 日起施行。

本条例施行前已经从事易制毒化学品生产、经营、购买、运输或者进口、出口业务的，应当自本条例施行之日起 6 个月内，依照本条例的规定重新申请许可。

附表

易制毒化学品的分类和品种目录

第 一 类

1. 1—苯基—2—丙酮

2. 3，4—亚甲基二氧苯基—2—丙酮

3. 胡椒醛

4. 黄樟素

5. 黄樟油

6. 异黄樟素

7. N—乙酰邻氨基苯酸

8. 邻氨基苯甲酸

9. 麦角酸*

10. 麦角胺*

11. 麦角新碱*

12. 麻黄素、伪麻黄素、消旋麻黄素、去甲麻黄素、甲基麻黄素、麻黄浸膏、麻黄浸膏粉等麻黄素类物质*

第 二 类

1. 苯乙酸

2. 醋酸酐

3. 三氯甲烷

4. 乙醚

5. 哌啶

第 三 类

1. 甲苯

2. 丙酮

3. 甲基乙基酮

4. 高锰酸钾

5. 硫酸

6. 盐酸

说明：

一、第一类、第二类所列物质可能存在的盐类，也纳入管制。

二、带有*标记的品种为第一类中的药品类易制毒化学品，第一类中的药品类易制毒化学品包括原料药及其单方制剂。

6. 民用爆炸物品安全管理条例

民用爆炸物品安全管理条例

第一章 总 则

第一条 为了加强对民用爆炸物品的安全管理，预防爆炸事故发生，保障公民生命、财产安全和公共安全，制定本条例。

第二条 民用爆炸物品的生产、销售、购买、进出口、运输、爆破作业和储存以及硝酸铵的销售、购买，适用本条例。

本条例所称民用爆炸物品，是指用于非军事目的、列入民用爆炸物品品名表的各类火药、炸药及其制品和雷管、导火索等点火、起爆器材。

民用爆炸物品品名表，由国务院国防科技工业主管部门会同国务院公安部门制订、公布。

第三条 国家对民用爆炸物品的生产、销售、购买、运输和爆破作业实行许可证制度。

未经许可，任何单位或者个人不得生产、销售、购买、运输民用爆炸物品，不得从事爆破作业。

严禁转让、出借、转借、抵押、赠送、私藏或者非法持有民用爆炸物品。

第四条 国防科技工业主管部门负责民用爆炸物品生产、销售的安全监督管理。

公安机关负责民用爆炸物品公共安全管理和民用爆炸物品购买、运输、爆破作业的安全监督管理，监控民用爆炸物品流向。

安全生产监督、铁路、交通、民用航空主管部门依照法律、行政法规的规定，负责做好民用爆炸物品的有关安全监督管理工作。

国防科技工业主管部门、公安机关、工商行政管理部门按照职责分工，负责组织查处非法生产、销售、购买、储存、运输、邮寄、使用民用爆炸物品的行为。

第五条 民用爆炸物品生产、销售、购买、运输和爆破作业单位（以下称民用爆炸物品从业单位）的主要负责人是本单位民用爆炸物品安全管理责任人，对本单位的民用爆炸物品安全管理工作全面负责。

民用爆炸物品从业单位是治安保卫工作的重点单位，应当依法设置治安保卫机构或者配备治安保卫人员，设置技术防范设施，防止民用爆炸物品丢失、被盗、被抢。

民用爆炸物品从业单位应当建立安全管理制度、岗位安全责任制度，制订安全防范措施和事故应急预案，设置安全管理机构或者配备专职安全管理人员。

第六条 无民事行为能力人、限制民事行为能力人或者曾因犯罪受过刑事处罚的人，不得从事民用爆炸物品的生产、销售、购买、运输和爆破作业。

民用爆炸物品从业单位应当加强对本单位从业人员的安全教育、法制教育和岗位技术培训，从业人员经考核合格的，方可上岗作业；对有资格要求的岗位，应当配备具有相应资格的人员。

第七条 国家建立民用爆炸物品信息管理系统，对民用爆炸物品实行标识管理，监控民用爆炸物品流向。

民用爆炸物品生产企业、销售企业和爆破作业单位应当建立民用爆炸物品登记制度，如实将本单位生产、销售、购买、运输、储存、使用民用爆炸物品的品种、数量和流向信息输入计算机系统。

第八条 任何单位或者个人都有权举报违反民用爆炸物品安全管理规定的行为；接到举报的主管部门、公安机关应当立即查处，并为举报人员保密，对举报有功人员给予奖励。

第九条 国家鼓励民用爆炸物品从业单位采用提高民用爆炸物品安全性能的新技术，鼓励发展民用爆炸物品生产、配送、爆破作业一体化的经营模式。

第二章 生 产

第十条 设立民用爆炸物品生产企业，应当遵循统筹规划、合理布局的原则。

第十一条 申请从事民用爆炸物品生产的企业，应当具备下列条件：

（一）符合国家产业结构规划和产业技术标准。

（二）厂房和专用仓库的设计、结构、建筑材料、安全距离以及防火、防爆、防雷、防静电等安全设备、设施符合国家有关标准和规范。

（三）生产设备、工艺符合有关安全生产的技术标准和规程。

（四）有具备相应资格的专业技术人员、安全生产管理人员和生产岗位人员。

（五）有健全的安全管理制度、岗位安全责任制度。

（六）法律、行政法规规定的其他条件。

第十二条 申请从事民用爆炸物品生产的企业，应当向国务院国防科技工业主管部门提交申请书、可行性研究报告以及能够证明其符合本条例第十一条规定条件的有关材料。国务院国防科技工业主管部门应当自受理申请之日起 45 日内进行审查，对符合条件的，核发《民用爆炸物品生产许可证》；对不符合条件的，不予核发《民用爆炸物品生产许可证》，书面向申请人说明理由。

民用爆炸物品生产企业为调整生产能力及品种进行改建、扩建的，应当依照前款规定申请办理《民用爆炸物品生产许可证》。

第十三条 取得《民用爆炸物品生产许可证》的企业应当在基本建设完成后，向国务院国防科技工业主管部门申请安全生产许可。国务院国防科技工业主管部门应当依照《安全生产许可证条例》的规定对其进行查验，对符合条件的，在《民用爆炸物品生产许可证》上标注安全生产许可。民用爆炸物品生产企业持经标注安全生产许可的《民用爆炸物品生产许可证》到工商行政管理部门办理工商登记后，方可生产民用爆炸物品。

民用爆炸物品生产企业应当在办理工商登记后 3 日内，向所在地县级人民政府公安机关备案。

第十四条 民用爆炸物品生产企业应当严格按照《民用爆炸物品生产许可证》核定的品种和产量进行生产，生产作业应当严格执行安全技术规程的规定。

第十五条 民用爆炸物品生产企业应当对民用爆炸物品做出警示标识、登记标识，对雷管编码打号。民用爆炸物品警示标识、登记标识和雷管编码规则，由国务院公安部门会同国务院国防科技工业主管部门规定。

第十六条 民用爆炸物品生产企业应当建立健全产品检验制度，保证民用爆炸物品的质量符合相关标准。民用爆炸物品的包装，应当符合法律、行政法规的规定以及相关标准。

第十七条 试验或者试制民用爆炸物品，必须在专门场地或者专门的试验室进行。严禁在生产车间或者仓库内试验或者试制民用爆炸物品。

第三章 销售和购买

第十八条 申请从事民用爆炸物品销售的企业，应当具备下列条件：

（一）符合对民用爆炸物品销售企业规划的要求。

（二）销售场所和专用仓库符合国家有关标准和规范。

（三）有具备相应资格的安全管理人员、仓库管理人员。

（四）有健全的安全管理制度、岗位安全责任制度。

（五）法律、行政法规规定的其他条件。

第十九条 申请从事民用爆炸物品销售的企业，应当向所在地省、自治区、直辖市人民政府国防科技工业主管部门提交申请书、可行性研究报告以及能够证明其符合本条例第十八条规定条件的有关材料。省、自治区、直辖市人民政府国防科技工业主管部门应当自受理申请之日起 30 日内进行审查，并对申请单位的销售场所和专用仓库等经营设施进行查验，对符合条件的，核发《民用爆炸物品销售许可证》；对不符合条件的，不予核发《民用爆炸物品销售许可证》，书面向申请人说明理由。

民用爆炸物品销售企业持《民用爆炸物品销售许可证》到工商行政管理部门办理工商登记后，方可销售民用爆炸物品。

民用爆炸物品销售企业应当在办理工商登记后 3 日内，向所在地县级人民政府公安机关备案。

第二十条 民用爆炸物品生产企业凭《民用爆炸物品生产许可证》，可以销售本企业生产的民用爆炸物品。

民用爆炸物品生产企业销售本企业生产的民用爆炸物品，不得超出核定的品种、产量。

第二十一条 民用爆炸物品使用单位申请购买民用爆炸物品的，应当向所在地县级人民政府公安机关提出购买申请，并提交下列有关材料：

（一）工商营业执照或者事业单位法人证书。

（二）《爆破作业单位许可证》或者其他合法使用的证明。

（三）购买单位的名称、地址、银行账户。

（四）购买的品种、数量和用途说明。

受理申请的公安机关应当自受理申请之日起 5 日内对提交的有关材料进行审查，对符合条件的，核发《民用爆炸物品购买许可证》；对不符合条件的，不予核发《民用爆炸物品购买许可证》，书面向申请人说明理由。

《民用爆炸物品购买许可证》应当载明许可购买的品种、数量、购买单位以及许可的有效期限。

第二十二条 民用爆炸物品生产企业凭《民用爆炸物品生产许可证》购买属于民用爆炸物品的原料，民用爆炸物品销售企业凭《民用爆炸物品销售许可证》向民用爆炸物品生产企业购买民用爆炸物品，民用爆炸物品使用单位凭《民用爆炸物品购买许可证》购买民用爆炸物品，还应当提供经办人的身份证明。

销售民用爆炸物品的企业，应当查验前款规定的许可证和经办人的身份证明；对持《民用爆炸物品购买许可证》购买的，应当按照许可的品种、数量销售。

第二十三条 销售、购买民用爆炸物品，应当通过银行账户进行交易，不得使用现金或者实物进行交易。

销售民用爆炸物品的企业，应当将购买单位的许可证、银行账户转账凭证、经办人的身份证明复印件保存 2 年备查。

第二十四条 销售民用爆炸物品的企业，应当自民用爆炸物品买卖成交之日起 3 日内，将销售的品种、数量和购买单位向所在地省、自治区、直辖市人民政府国防科技工业主管部门和所在地县级人民政府公安机关备案。

购买民用爆炸物品的单位，应当自民用爆炸物品买卖成交之日起 3 日内，将购买的品种、数量向所在地县级人民政府公安机关备案。

第二十五条 进出口民用爆炸物品，应当经国务院国防科技工业主管部门审批。进出口民用爆炸物品审批办法，由国务院国防科技工业主管部门会同国务院公安部门、海关总署规定。

进出口单位应当将进出口的民用爆炸物品的品种、数量向收货地或者出境口岸所在地县级人民政府公安机关备案。

第四章 运 输

第二十六条 运输民用爆炸物品，收货单位应当向运达地县级人民政府公安机关提出申请，并提交包括下列内容的材料：

（一）民用爆炸物品生产企业、销售企业、使用单位以及进出口单位分别提供的《民用爆炸物品生产许可证》《民用爆炸物品销售许可证》《民用爆炸物品购买许可证》或者进出口批准证明。

（二）运输民用爆炸物品的品种、数量、包装材料和包装方式。

（三）运输民用爆炸物品的特性、出现险情的应急处置方法。

（四）运输时间、起始地点、运输路线、经停地点。

受理申请的公安机关应当自受理申请之日起 3 日内对提交的有关材料进行审查，对符合条件的，核发《民用爆炸物品运输许可证》；对不符合条件的，不予核发《民用爆炸物品运输许可证》，书面向申请人说明理由。

《民用爆炸物品运输许可证》应当载明收货单位、销售企业、承运人，一次性运输有效期限、起始地点、运输路线、经停地点，民用爆炸物品的品种、数量。

第二十七条　运输民用爆炸物品的，应当凭《民用爆炸物品运输许可证》，按照许可的品种、数量运输。

第二十八条　经由道路运输民用爆炸物品的，应当遵守下列规定：

（一）携带《民用爆炸物品运输许可证》。

（二）民用爆炸物品的装载符合国家有关标准和规范，车厢内不得载人。

（三）运输车辆安全技术状况应当符合国家有关安全技术标准的要求，并按照规定悬挂或者安装符合国家标准的易燃易爆危险物品警示标志。

（四）运输民用爆炸物品的车辆应当保持安全车速。

（五）按照规定的路线行驶，途中经停应当有专人看守，并远离建筑设施和人口稠密的地方，不得在许可以外的地点经停。

（六）按照安全操作规程装卸民用爆炸物品，并在装卸现场设置警戒，禁止无关人员进入。

（七）出现危险情况立即采取必要的应急处置措施，并报告当地公安机关。

第二十九条　民用爆炸物品运达目的地，收货单位应当进行验收后在《民用爆炸物品运输许可证》上签注，并在 3 日内将《民用爆炸物品运输许可证》交回发证机关核销。

第三十条　禁止携带民用爆炸物品搭乘公共交通工具或者进入公共场所。

禁止邮寄民用爆炸物品，禁止在托运的货物、行李、包裹、邮件中夹带民用爆炸物品。

第五章　爆　破　作　业

第三十一条　申请从事爆破作业的单位，应当具备下列条件：

（一）爆破作业属于合法的生产活动。

（二）有符合国家有关标准和规范的民用爆炸物品专用仓库。

（三）有具备相应资格的安全管理人员、仓库管理人员和具备国家规定执业资格的爆破作业人员。

（四）有健全的安全管理制度、岗位安全责任制度。

（五）有符合国家标准、行业标准的爆破作业专用设备。

（六）法律、行政法规规定的其他条件。

第三十二条 申请从事爆破作业的单位，应当按照国务院公安部门的规定，向有关人民政府公安机关提出申请，并提供能够证明其符合本条例第三十一条规定条件的有关材料。受理申请的公安机关应当自受理申请之日起 20 日内进行审查，对符合条件的，核发《爆破作业单位许可证》；对不符合条件的，不予核发《爆破作业单位许可证》，书面向申请人说明理由。

营业性爆破作业单位持《爆破作业单位许可证》到工商行政管理部门办理工商登记后，方可从事营业性爆破作业活动。

爆破作业单位应当在办理工商登记后 3 日内，向所在地县级人民政府公安机关备案。

第三十三条 爆破作业单位应当对本单位的爆破作业人员、安全管理人员、仓库管理人员进行专业技术培训。爆破作业人员应当经设区的市级人民政府公安机关考核合格，取得《爆破作业人员许可证》后，方可从事爆破作业。

第三十四条 爆破作业单位应当按照其资质等级承接爆破作业项目，爆破作业人员应当按照其资格等级从事爆破作业。爆破作业的分级管理办法由国务院公安部门规定。

第三十五条 在城市、风景名胜区和重要工程设施附近实施爆破作业的，应当向爆破作业所在地设区的市级人民政府公安机关提出申请，提交《爆破作业单位许可证》和具有相应资质的安全评估企业出具的爆破设计、施工方案评估报告。受理申请的公安机关应当自受理申请之日起 20 日内对提交的有关材料进行审查，对符合条件的，作出批准的决定；对不符合条件的，作出不予批准的决定，并书面向申请人说明理由。

实施前款规定的爆破作业，应当由具有相应资质的安全监理企业进行监理，由爆破作业所在地县级人民政府公安机关负责组织实施安全警戒。

第三十六条 爆破作业单位跨省、自治区、直辖市行政区域从事爆破作业的，应当事先将爆破作业项目的有关情况向爆破作业所在地县级人民政府公安机关报告。

第三十七条 爆破作业单位应当如实记载领取、发放民用爆炸物品的品种、数量、编号以及领取、发放人员姓名。领取民用爆炸物品的数量不得超过当班用量，作业后剩余的民用爆炸物品必须当班清退回库。

爆破作业单位应当将领取、发放民用爆炸物品的原始记录保存 2 年备查。

第三十八条 实施爆破作业，应当遵守国家有关标准和规范，在安全距离以外设置警示标志并安排警戒人员，防止无关人员进入；爆破作业结束后应当及时检查、排除未引爆的民用爆炸物品。

第三十九条 爆破作业单位不再使用民用爆炸物品时，应当将剩余的民用爆炸物品登记造册，报所在地县级人民政府公安机关组织监督销毁。

发现、拣拾无主民用爆炸物品的，应当立即报告当地公安机关。

第六章 储 存

第四十条 民用爆炸物品应当储存在专用仓库内，并按照国家规定设置技术防范设施。

第四十一条 储存民用爆炸物品应当遵守下列规定：

（一）建立出入库检查、登记制度，收存和发放民用爆炸物品必须进行登记，做到账目清楚，账物相符。

（二）储存的民用爆炸物品数量不得超过储存设计容量，对性质相抵触的民用爆炸物品必须分库储存，严禁在库房内存放其他物品。

（三）专用仓库应当指定专人管理、看护，严禁无关人员进入仓库区内，严禁在仓库区内吸烟和用火，严禁把其他容易引起燃烧、爆炸的物品带入仓库区内，严禁在库房内住宿和进行其他活动。

（四）民用爆炸物品丢失、被盗、被抢，应当立即报告当地公安机关。

第四十二条 在爆破作业现场临时存放民用爆炸物品的，应当具备临时存放民用爆炸物品的条件，并设专人管理、看护，不得在不具备安全存放条件的场所存放民用爆炸物品。

第四十三条 民用爆炸物品变质和过期失效的，应当及时清理出库，并予以销毁。销毁前应当登记造册，提出销毁实施方案，报省、自治区、直辖市人民政府国防科技工业主管部门、所在地县级人民政府公安机关组织监督销毁。

第七章 法 律 责 任

第四十四条 非法制造、买卖、运输、储存民用爆炸物品，构成犯罪的，依法追究刑事责任；尚不构成犯罪，有违反治安管理行为的，依法给予治安管理处罚。

违反本条例规定，在生产、储存、运输、使用民用爆炸物品中发生重大事故，造成严重后果或者后果特别严重，构成犯罪的，依法追究刑事责任。

违反本条例规定，未经许可生产、销售民用爆炸物品的，由国防科技工业主管部门责令停止非法生产、销售活动，处 10 万元以上 50 万元以下的罚款，并没收非法生产、销售的民用爆炸物品及其违法所得。

违反本条例规定，未经许可购买、运输民用爆炸物品或者从事爆破作业的，由公安机关责令停止非法购买、运输、爆破作业活动，处 5 万元以上 20 万元以下的罚款，并没收非法购买、运输以及从事爆破作业使用的民用爆炸物品及其违法所得。

国防科技工业主管部门、公安机关对没收的非法民用爆炸物品，应当组织销毁。

第四十五条 违反本条例规定，生产、销售民用爆炸物品的企业有下列行为之一的，由国防科技工业主管部门责令限期改正，处 10 万元以上 50 万元以下的罚款；逾期不改正的，责令停产停业整顿；情节严重的，吊销《民用爆炸物品生产许可证》或者《民用爆炸物品销售许可证》：

（一）超出生产许可的品种、产量进行生产、销售的。

（二）违反安全技术规程生产作业的。

（三）民用爆炸物品的质量不符合相关标准的。

（四）民用爆炸物品的包装不符合法律、行政法规的规定以及相关标准的。

（五）超出购买许可的品种、数量销售民用爆炸物品的。

（六）向没有《民用爆炸物品生产许可证》《民用爆炸物品销售许可证》《民用爆炸物品购买许可证》的单位销售民用爆炸物品的。

（七）民用爆炸物品生产企业销售本企业生产的民用爆炸物品未按照规定向国防科技工业主管部门备案的。

（八）未经审批进出口民用爆炸物品的。

第四十六条 违反本条例规定，有下列情形之一的，由公安机关责令限期改正，处 5 万元以上 20 万元以下的罚款；逾期不改正的，责令停产停业整顿：

（一）未按照规定对民用爆炸物品做出警示标识、登记标识或者未对雷管编码打号的。

（二）超出购买许可的品种、数量购买民用爆炸物品的。

（三）使用现金或者实物进行民用爆炸物品交易的。

（四）未按照规定保存购买单位的许可证、银行账户转账凭证、经办人的身份证明复印件的。

（五）销售、购买、进出口民用爆炸物品，未按照规定向公安机关备案的。

（六）未按照规定建立民用爆炸物品登记制度，如实将本单位生产、销售、购买、运输、储存、使用民用爆炸物品的品种、数量和流向信息输入计算机系统的。

（七）未按照规定将《民用爆炸物品运输许可证》交回发证机关核销的。

第四十七条 违反本条例规定，经由道路运输民用爆炸物品，有下列情形之一的，由公安机关责令改正，处 5 万元以上 20 万元以下的罚款：

（一）违反运输许可事项的。

（二）未携带《民用爆炸物品运输许可证》的。

（三）违反有关标准和规范混装民用爆炸物品的。

（四）运输车辆未按照规定悬挂或者安装符合国家标准的易燃易爆危险物品警示标志的。

（五）未按照规定的路线行驶，途中经停没有专人看守或者在许可以外的地点经停的。

（六）装载民用爆炸物品的车厢载人的。

（七）出现危险情况未立即采取必要的应急处置措施、报告当地公安机关的。

第四十八条 违反本条例规定，从事爆破作业的单位有下列情形之一的，由公安机关责令停止违法行为或者限期改正，处 10 万元以上 50 万元以下的罚款；逾期不改正的，责令停产停业整顿；情节严重的，吊销《爆破作业单位许可证》：

（一）爆破作业单位未按照其资质等级从事爆破作业的。

（二）营业性爆破作业单位跨省、自治区、直辖市行政区域实施爆破作业，未按照规定事先向爆破作业所在地的县级人民政府公安机关报告的。

（三）爆破作业单位未按照规定建立民用爆炸物品领取登记制度、保存领取登记记录的。

（四）违反国家有关标准和规范实施爆破作业的。

爆破作业人员违反国家有关标准和规范的规定实施爆破作业的，由公安机关责令限期改正，情节严重的，吊销《爆破作业人员许可证》。

第四十九条 违反本条例规定，有下列情形之一的，由国防科技工业主管部门、公安机关按照职责责令限期改正，可以并处 5 万元以上 20 万元以下的罚款；逾期不改正的，责令停产停业整顿；情节严重的，吊销许可证：

（一）未按照规定在专用仓库设置技术防范设施的。

（二）未按照规定建立出入库检查、登记制度或者收存和发放民用爆炸物品，致使账物不符的。

（三）超量储存、在非专用仓库储存或者违反储存标准和规范储存民用爆炸物品的。

（四）有本条例规定的其他违反民用爆炸物品储存管理规定行为的。

第五十条 违反本条例规定，民用爆炸物品从业单位有下列情形之一的，由公安机关处 2 万元以上 10 万元以下的罚款；情节严重的，吊销其许可证；有违反治安管理行为的，依法给予治安管理处罚：

（一）违反安全管理制度，致使民用爆炸物品丢失、被盗、被抢的。

（二）民用爆炸物品丢失、被盗、被抢，未按照规定向当地公安机关报告或者故意隐瞒不报的。

（三）转让、出借、转借、抵押、赠送民用爆炸物品的。

第五十一条 违反本条例规定，携带民用爆炸物品搭乘公共交通工具或者进入公共场所，邮寄或者在托运的货物、行李、包裹、邮件中夹带民用爆炸物品，构成犯罪的，依法追究刑事责任；尚不构成犯罪的，由公安机关依法给予治安管理处罚，没收非法的民用爆炸物品，处 1000 元以上 1 万元以下的罚款。

第五十二条 民用爆炸物品从业单位的主要负责人未履行本条例规定的安全管理责任，导致发生重大伤亡事故或者造成其他严重后果，构成犯罪的，依法追究刑事责任；尚不构成犯罪的，对主要负责人给予撤职处分，对个人经营的投资人处 2 万元以上 20 万元以下的罚款。

第五十三条 国防科技工业主管部门、公安机关、工商行政管理部门的工作人员，在民用爆炸物品安全监督管理工作中滥用职权、玩忽职守或者徇私舞弊，构成犯罪的，依法追究刑事责任；尚不构成犯罪的，依法给予行政处分。

第八章　附　　则

第五十四条　《民用爆炸物品生产许可证》《民用爆炸物品销售许可证》，由国务院国防科技工业主管部门规定式样；《民用爆炸物品购买许可证》《民用爆炸物品运输许可证》《爆破作业单位许可证》《爆破作业人员许可证》，由国务院公安部门规定式样。

第五十五条　本条例自 2006 年 9 月 1 日起施行。1984 年 1 月 6 日国务院发布的《中华人民共和国民用爆炸物品管理条例》同时废止。

第 2 部分

公司相关制度规范

7. 国家电网有限公司危险化学品安全管理办法（试行）

国家电网有限公司
危险化学品安全管理办法
（试行）

第一章 总 则

第一条 为规范国家电网有限公司（以下简称"公司"）危险化学品安全管理工作，加强危险化学品安全风险管控，防范危险化学品安全事故，依据《危险化学品安全管理条例》等国家有关法律法规、标准，结合公司实际，制定本办法。

第二条 本办法所称危险化学品是指具有毒害、腐蚀、爆炸、燃烧、助燃等性质，对人体、设施、环境具有危害的且列入危险化学品名录的剧毒化学品和其他化学品。

第三条 危险化学品安全管理应坚持"安全第一、预防为主、综合治理"的方针，按照"管业务必须管安全、管行业必须管安全、管生产必须管安全""谁使用谁负责"原则，建立健全危险化学品安全管理责任体系，强化和落实危险化学品生产、使用、经营、运输、储存、废弃处置单位（以下统称为危险化学品单位）主体责任、专业管理部门管理责任和安全监督部门监督责任。

危险化学品单位主要负责人对本单位危险化学品安全管理工作全面负责。

第四条 公司危险化学品安全管理工作涉及日常安全管理、应急管理、事故调查处理与考核管理，以及生产、使用、经营、运输、储存、废弃处置等工作的安全管控。

第五条 本办法适用于公司总部、分部及各单位（含直属、全资、控股、代管、管理的单位）危险化学品安全管理工作。各分部、各单位可以根据自身实际情况，制定办法或实施细则。

第二章 安 全 职 责

第六条 公司总部职责。

（一）安全监督管理部门：负责公司危险化学品安全监督管理综合工作，组织制定公司危险化学品安全管理制度；建立健全危险化学品安全风险分布档案；负责公司范围内危险化学品重大危险源项目备案监督；开展危险化学品安全监督、检查和考核；负责制定公司危险化学品应急预案，并组织危险化学品安全事故调查、分析和处理。

（二）设备、建设、水新、产业、后勤等专业管理部门：负责专业范围内危险化学品安全管理工作；组织落实专业范围内危险化学品全过程安全措施；建立健全专业范围内的危险化学品安全风险分布档案；负责专业范围内危险化学品重大危险源项目备案监督，参与危险化学品安全事故应急处置和调查。

（三）物资管理部门：负责监督指导公司危险化学品采购、供应等安全管理工作；根据专业管理（需求）部门提出的危险化学品采购规范，在采购过程中落实相关安全管理要求；参与危险化学品安全事故应急处置和调查。

（四）环保管理部门：负责公司危险化学品全过程环境保护监督指导工作；组织制定公司危险化学品环境保护有关制度和技术标准；组织制定相关工作人员劳动防护用品配备标准；参与危险化学品安全事故应急处置和调查。

第七条 省公司级单位职责。

（一）安全监督管理部门：负责本单位危险化学品安全监督管理综合工作；执行公司危险化学品安全管理制度，并制定本单位危险化学品安全管理制度规定和要求；建立健全本单位危险化学品安全风险分布档案；组织本单位危险化学品安全监督、检查和考核；参与本单位危险化学品重大危险源项目必要性、安全性审核；负责本单位范围内危险化学品重大危险源项目备案监督；负责制定公司危险化学品应急预案，并组织本单位危险化学品安全事故调查、分析和处理。

（二）设备、建设、后勤等专业管理部门：负责专业范围内危险化学品安全管理工作；执行上级专业管理要求，制定适于本专业危险化学品安全管理要求；负责落实危险化学品全过程安全措施；建立健全专业范围内的危险化学品安全风险分布档案；组织审核专业范围内危险化学品重大危险源项目的必要性和安全性并负责备案监督；参与危险化学品安全事故应急处置和调查。

（三）物资管理部门：负责本单位危险化学品采购、供应等安全管理工作，执行上级专业管理要求；根据专业管理（需求）部门提出的危险化学品采购规范，采购过程中落实相关安全管理要求；审查采购文件关于危险化学品安全管理要求的相关条款；参与危险化学品安全事故应急处置和调查。

（四）环保管理部门：负责危险化学品全过程环境保护监督管理工作，执行上级专业管理要求；制定相关工作人员劳动防护用品配置清单；参与审核危险化学品重大危险源项目的必要性和安全性；参与危险化学品安全事故应急处置和调查。

第八条 危险化学品单位职责。

（一）具备法律、行政法规规定及国家和行业标准要求的安全条件。

（二）依据国家和公司相关制度和规定，建立健全本单位危险化学品安全管理制度、操作规程和岗位安全责任清单。

（三）建立健全危险化学品安全管理档案。

（四）负责危险化学品从业人员安全教育和岗位技术培训。

（五）负责依法建立危险化学品安全管理机构，配置专兼职安全管理人员。

（六）组织开展危险化学品安全风险辨识、隐患排查治理，及时消除安全隐患。

（七）组织编制危险化学品专项应急预案和现场处置方案，并定期开展演练，负责危险化学品安全事故应急处置工作。

（八）负责根据属地政府有关监管部门要求进行专业范围内危险化学品重大危险源项目备案。

第三章 安 全 管 理

第一节 一 般 规 定

第九条 安全管理机构。省公司级单位负有危险化学品安全管理和监督职责的部门应明确具体负责处室，落实责任人，建立危险化学品安全风险分布台账，开展危险化学品日常安全管理工作；危险化学品单位应依法设置安全管理机构，配备专兼职危险化学品安全管理人员，落实危险化学品安全管理要求。

第十条 安全档案管理。危险化学品单位应常态建立危险化学品安全档案并定期进行更新、完善，安全档案应包括危险化学品安全风险分布档案、安全管理制度规程、应急预案、"两重点一重大"名录、重大危险源档案、"一书一签"台账、企业及人员相应资质材料、从业人员安全培训记录、安全隐患台账等内容。安全风险分布档案应逐级报上级专业管理部门和安全监督管理部门备案。安全档案应按照公司档案管理规定及时向档案部门移交归档。

第十一条 安全风险排查评估。公司组织制定危险化学品单位安全风险排查评估标准，建立安全风险定期评估工作机制，分类建立安全风险数据库，对危险化学品单位实施精准化安全风险排查评估，集中整治危险化学品安全隐患，提高安全管理水平。

第十二条 重点联系单位机制。公司在总部层面建立危险化学品安全管理重点联系单位机制，将特殊品类危险化学品相对集中和管理经验成熟的单位确定为危险化学品安全管理重点联系单位，协助总部制（修）订安全管理规章制度、研究应用安全先进适用技术，组建专家队伍，跟踪国内外危险化学品安全事故，定期开展安全检查、安全培训等工作。各省公司级单位可参照总部模式建立重点联系单位机制。

第十三条 "两重点一重大"安全监管。各级安全监督管理部门应将涉及"两重点一重大"的单位，优先纳入年度安全检查计划，实施重点监管。

（一）重点监管的危险化工工艺。根据国家重点监管的危险化工工艺目录和产业实际，公司应组织开展危险化工工艺辨识评估，及时公布重点监管的危险化工工艺名录。涉及单位应对照本单位采用的危险化工工艺及其特点，确定重点监控的工艺参数、装备，完善自动控制系统，持续改善安全生产条件。

（二）重点监管的危险化学品。根据国家重点监管的危险化学品名录和公司产业特点，公司应组织开展危险化学品识别，及时公布重点监管的危险化学品名录。涉及单位应对重点监管的危险化学品进行全过程安全管控。

（三）危险化学品重大危险源。危险化学品单位应依据《危险化学品重大危险源辨识》GB 18218 等标准，对本单位的危险化学品生产、经营、储存和使用装置、设施或者场所进行重大危险源辨识。公司各单位生产、储存、经营、使用危险化学品过程中原则上不得构成危险化学品重大危险源（以下简称"重大危险源"）；确实存在重大危险源的，应进行安全评估，确定重大危险源等级，并按照国家《危险化学品重大危险源监督管理暂行规定》要求，建立健全安全监测监控系统，完善控制措施。

第十四条 "一书一签"管理。危险化学品单位在采购或接受危险化学品入库时应向供应方索要安全技术说明书，检查危险化学品包装上是否有安全标签，禁止购买或接收无"一书一签"的危险化学品。危险化学品单位需要转移或分装危险化学品时，应在转移或分装后的容器上粘贴符合要求的安全标签；盛装危险化学品的容器在未净化处理前，不得更换原安全标签。危险化学品单位应加强"一书一签"管理，建立管理台账，安全技术说明书应专人保管，安全标签应始终保持完好无损、清晰可见。

第十五条　安全监督管理信息系统。公司各单位应按照危险化学品"来源可溯、去向可循、状态可控"的原则，分级建立危险化学品全周期信息监管系统，综合利用电子标签、大数据等信息技术，对生产、储存、运输、使用、经营、废弃处置等各环节进行全过程信息化管理和监控。危险化学品单位应加强应用端数据自动采集监测装置的研发和应用，减少人工录入，提高数据的真实性、实效性。

第十六条　从业人员劳动防护装备。公司组织制定出台从业人员劳动防护用品配备基本要求。危险化学品单位应为从业人员提供符合国家或行业标准的危险化学品劳动防护用品，并监督、教育从业人员正确佩戴和使用，定期对劳动防护用品进行检查，及时更换不合格的劳动防护用品。

第十七条　安全教育培训。危险化学品单位应将危险化学品安全培训纳入年度安全教育培训计划，建立从业人员安全教育培训档案，保证从业人员具备必要的安全生产知识、安全操作技能及应急处置能力。公司总部和省公司级单位每两年组织一次危险化学品安全管理人员培训。未经安全教育培训或培训考试不合格的从业人员，不得上岗作业；对有资格要求的岗位，应依法取得相应资格，方可上岗作业。

第二节　生　产　安　全

第十八条　危险化学品生产单位应具备符合国家法律法规和有关行业标准中规定的相关资质要求，不得生产国家禁止生产的危险化学品。新建、改建、扩建生产危险化学品的建设项目（以下简称建设项目），应由国家具有安全生产监督管理职责的部门进行安全条件审查。

第十九条　生产危险化学品前，危险化学品生产单位应依照《安全生产许可证条例》，取得危险化学品安全生产许可证；生产列入国家实行生产许可证制度工业产品目录的危险化学品单位，应依照《中华人民共和国工业产品生产许可证管理条例》，取得工业产品生产许可证。生产实施重点环境管理的危险化学品生产单位，应按照国务院环境保护主管部门规定，将其生产的危险化学品向环境中释放等相关信息向环境保护主管部门报告。

第二十条 生产剧毒化学品、易制毒或易制爆危险化学品要求：

（一）应如实记录其生产的剧毒化学品、易制爆危险化学品数量和流向，并采取必要安全防范措施，防止剧毒化学品、易制爆危险化学品丢失或者被盗。

（二）发生剧毒化学品、易制爆危险化学品丢失或者被盗的，应立即向当地公安机关报告。易制毒化学品发生以上情况，需同时向当地的县级人民政府负责药品监督管理的部门、具有安全生产监督管理职责的部门、商务主管部门或者卫生主管部门报告。

（三）应设置治安保卫机构，并配备专职治安保卫人员。

第二十一条 危险化学品生产单位应提供与其生产的危险化学品相符的化学品安全技术说明书，并在危险化学品包装（包括外包装件）上粘贴或者拴挂与包装内危险化学品相符的化学品安全标签，发现其生产的危险化学品有新的危险特性的，应立即公告，并及时修订其安全技术说明书和安全标签。危险化学品包装物、容器的材质以及包装型式、规格、方法和单件质量（重量），应与所包装的危险化学品的性质和用途相适应。

第二十二条 危险化学品生产单位应定期开展安全评价工作。

（一）应委托具备国家规定资质条件的机构，对本单位的安全生产条件每 3 年进行一次安全评价，提出安全评价报告。

（二）应将安全评价报告及整改方案的落实情况报所在地县级人民政府具有安全生产监督管理职责的部门备案。

第二十三条 危险化学品生产单位在转产、停产、停业或者解散时，应采取有效措施，及时、妥善处置其危险化学品生产装置、储存设施以及库存的危险化学品，不得丢弃危险化学品；处置方案应报所在地县级人民政府具有安全生产监督管理职责的部门、工业和信息化主管部门、环境保护主管部门和公安机关备案。

第三节 使 用 安 全

第二十四条 危险化学品使用单位，其使用条件（包括工艺）应符合国家法律法规和有关行业标准要求；应根据所使用的危险化学品种类、危险特性以及使用量、使用方式，建立健全使用危险化学品的安全管理规章制度和操作规程，保证危险化学品安全使用；应制定符合国家规定的危险化学品事故应急预案，配备必要的应急救援器材、设备。

第二十五条　危险化学品使用单位不得使用国家禁止使用的危险化学品，不得违反国家限制性规定。各级专业管理部门应对涉及危险化学品使用过程中的安全操作规程、安全措施进行审核把关，评估风险等级，协调、解决危险化学使用安全方面存在的重大问题和安全隐患。

第二十六条　危险化学品使用单位应通过下列方法，消除、减少和控制工作场所危险化学品产生的危害。

（一）选用无毒或低毒的化学替代品。

（二）选用可将危害消除或减少到最低程度的技术。

（三）采用能消除或降低危害的工程控制措施（如隔离、密闭等）。

（四）采用能减少或消除危害的作业制度和作业时间。

（五）采取其他的劳动安全卫生措施。

第二十七条　危险化学品使用量达到《危险化学品使用量的数量标准》《危险化学品安全使用许可证适用行业目录》等规定的单位，应依照相关规定取得危险化学品安全使用许可证，具体数量标准应参照国家有关部门发布的《危险化学品使用量的数量标准》执行。

第二十八条　危险化学品使用单位从业人员接触的危险化学品浓度不得高于国家规定的接触限值标准；暂没有规定的危险化学品，使用单位应在保证安全作业的情况下使用。

第二十九条　危险化学品使用单位在购进、使用危险化学品时，应首先核对包装（或容器）上的安全标签、标识和安全技术说明书是否正确、齐全。对于安全标签、标识不正确、不清楚、脱落的和不能提供安全技术说明书的，应拒绝入库和使用。

第三十条　有毒化学品、民用爆炸物品使用要求

（一）危险化学品使用单位涉及有毒物品作业时，应依照有关国家法律法规和行业标准的规定，使用符合国家标准的有毒物品，并采取有效防护措施，预防职业中毒事故的发生。

（二）涉及使用有毒物品作业的单位，要依法为从业人员参加工伤保险，定期开展职业健康检查，保障劳动者的生命安全和身体健康；为从业人员提供符

合国家职业卫生标准的防护用品，并确保正确使用。

（三）公司建设项目所使用的民用爆炸物品，应由爆破作业单位依法从民用爆炸物品生产企业或销售企业采购；爆破作业单位和人员资质等级、业务范围应符合《爆破作业单位资质条件和管理要求》（GA 990）、《爆破作业人员资格条件和管理要求》（GA 53）等规定。

第四节　经　营　安　全

第三十一条　危险化学品经营单位，应具备符合国家和行业标准的经营场所和储存设施，建立健全经营危险化学品的安全管理规章制度，制定符合国家规定的危险化学品事故应急预案，配备必要的应急救援器材、设备。

第三十二条　危险化学品经营单位必须取得政府具有安全生产监督管理职责的部门核发的危险化学品经营许可证，向工商行政管理部门办理登记手续，并逐级上报至公司专业管理部门批准备案，方可从事危险化学品经营活动。危险化学品经营企业的主管单位对经营企业负全面管理责任。

第三十三条　危险化学品经营单位不得经营国家禁止经营的危险化学品，所经营危险化学品的品类，应申报上级专业管理部门批准备案；对于经营有毒化学品的单位应将经营有毒化学品流向、出入库记录。各级安全监督部门和专业管理部门应定期对危险化学品经营单位的安全设备设施进行检查，评估其安全风险等级，督促经营单位整改工作中存在的安全隐患。

第三十四条　危险化学品经营单位不得向未经许可从事危险化学品生产、经营活动的企业采购危险化学品，不得经营国家明令禁止生产、储存、销售的危险化学品，不得经营没有化学品安全技术说明书、安全标签的危险化学品。

第五节　运　输　安　全

第三十五条　危险化学品运输单位，应按照国家法律法规取得危险货物运输许可手续，向工商行政管理部门办理登记，并严格按照许可事项从事运输活动。

第三十六条　危险化学品单位应监督检查危险化学品运输和承运单位安全措施落实情况，不满足安全条件的危险化学品运输车辆及载具不得进入公司管辖的生产、办公场所、专用仓库和作业现场。在公司管辖生产、办公场所、专用仓库和作业现场进行危险化学品装卸作业时，应设专人监护装卸作业的全过程，及时制止、纠正作业过程中的不安全行为。

第三十七条 从事危险化学品运输的驾驶人员、船员、装卸管理人员、押运人员、申报人员、集装箱装箱现场检查员，应经交通运输主管部门考核合格，取得从业资格。

第三十八条 从事危险化学品运输的车辆应符合国家标准要求的安全技术条件，按照国家有关规定定期进行安全技术检验，配备满足有关国家标准以及与所载运的危险化学品相适应的防护用品和应急救援器材，并悬挂或者喷涂警示标志；运输剧毒化学品的还应配备专用停车区域。

第三十九条 运输少量一般危险化学品时，应符合《危险货物道路运输规则》（JT/T 617）对例外数量和有限数量要求，对包件数不超过 1000 个或总质量（含包装）不超过 8000 千克时，可以按照普通货物运输，并遵守交通安全有关规定。用汽车运输气瓶时，气瓶不准顺车厢纵向放置，应横向放置并可靠固定；互为禁忌的危险化学品禁止混合运送。

第四十条 需托运危险化学品的，应委托具有运输许可的单位承运；托运单位应妥善包装并设置标志，与承运单位履行书面手续，向承运单位说明危险货物品名、数量、危害、应急措施等事项，提交危险货物运输清单。

第六节　储　存　安　全

第四十一条 危险化学品单位涉及储存时，应严格执行国家法律法规、行业标准等有关规定，储存在专用仓库、专用场地或者专用储存室（以下统称专用仓库）内，由专人负责管理，并建立储存台账和领用记录；剧毒化学品以及储存数量构成重大危险源的其他危险化学品，应在专用仓库内单独存放，并实行双人收发、双人保管制度。危险化学品的储存方式、方法以及储存数量应符合国家相关规定和标准。

第四十二条 危险化学品单位应掌握本单位危险化学品储存分布情况，定期对危险化学品储存地点、储存设施和安全设备设施进行检测、检验，评估其安全风险等级，督促整改安全隐患。

第四十三条 危险化学品单位应根据其储存的危险化学品种类和危险特性，在作业场所设置相应的监测、监控、通风、防晒、调温、防火、灭火、防爆、泄压、防毒、中和、防潮、防雷、防静电、防腐、防泄漏以及防护围堤或者隔离操作等安全设施、设备，并按照国家相关规定和标准对安全设施、设备进行经常性维护、保养，保证安全设施、设备的正常使用。

第四十四条　储存危险化学品的专用仓库应符合国家相关规定和标准要求，设置明显的标志。储存剧毒化学品、易制爆危险化学品的专用仓库，应按照国家有关规定设置相应的技术防范设施。危险化学品专用仓库的安全设施、设备应定期进行检测、检验。

第四十五条　对剧毒化学品以及储存数量构成重大危险源的其他危险化学品，其储存地点、储存设施与相关场所的距离应符合国家有关规定。储存单位应将其储存数量、储存地点以及管理人员等情况，报所在地县级人民政府具有安全生产监督管理职责的部门及公安机关备案。

第七节　废　弃　处　置　安　全

第四十六条　产生危险化学品废弃物的单位，必须按照"谁产生、谁处置"原则，依据相关规定，对危险化学品废弃物进行无害化处理，并采取防扬散、防流失、防渗漏或者其他防止污染环境的措施，不得擅自倾倒、堆放、丢弃或遗撒。

第四十七条　产生危险化学品废弃物的单位，应采用先进的生产工艺和设备，减少危险化学品废弃物产生量，降低危险化学品废弃物的危害性。

第四十八条　危险化学品废弃物应定点分类存放，储存时间不得超过一年，确需延长期限的，必须报经原批准经营许可证的环境保护行政主管部门批准，法律、行政法规另有规定的除外。用于收集、储存、处置危险化学品废弃物的设备、设施、场所，应符合国家环境保护标准，责任单位应加强管理和维护，保证其正常运行和使用。

第四十九条　不具备危险化学品废弃处置条件和能力的单位，应委托持有危险废物经营许可证的单位进行收集、储存、处置等工作，禁止将危险化学品废弃物提供或委托给无危险废物经营许可证的单位。

第四章　应　急　管　理

第五十条　危险化学品单位应制定危险化学品事故应急预案和现场处置方案；涉及重大危险源单位，应制定专项应急预案和现场处置方案。危险化学品事故应急预案应按照国家有关规定报送县级以上人民政府具有安全生产监督管理职责的部门和上级专业管理部门备案，并依法向社会公布。

第五十一条　危险化学品事故应急预案应符合国家相关规定和标准，具有科学性、针对性和可操作性，明确规定应急组织体系、职责分工以及应急救援程序和措施。

有下列情形之一的，应及时修订相关预案：

（一）制定预案所依据的法律、法规、规章、标准发生重大变化。

（二）应急指挥机构及其职责发生调整。

（三）安全生产面临的风险发生重大变化。

（四）重要应急资源发生重大变化。

（五）在预案演练或者应急救援中发现需要修订预案的重大问题。

（六）其他应修订的情形。

第五十二条 危险化学品单位可结合实际组建专兼职应急救援队伍，配备必要的防护装备及应急救援器材、设备、物资，应急救援人员应具备相应的专业知识和技能；鼓励与社会专业应急救援队伍签订应急救援协议。

第五十三条 危险化学品单位应按照相关规定组织开展危险化学品事故应急预案演练；存在重大危险源的危险化学品单位应每年至少组织一次危险化学品事故应急预案演练，每半年至少进行一次现场处置方案演练；演练情况应报所在地县级以上地方人民政府负有安全生产监督管理职责的部门备案。

第五十四条 发生危险化学品事故时，事发单位主要负责人应立即按照本单位危险化学品应急预案组织开展救援，采取措施防止事故蔓延、扩大，并向当地具有安全生产监督管理职责的部门及环境保护、公安、卫生主管部门报告，同时按照《国家电网有限公司安全事故调查规程》要求逐级上报；运输过程中发生危险化学品事故的，驾驶人员、船员或者押运人员还应向事故发生地交通运输主管部门报告。

第五十五条 危险化学品事故发生单位应积极开展突发事件舆情分析和引导工作，按照有关要求，及时披露突发事件事态发展、应急处置和救援工作的信息，维护公司品牌形象。

第五章 检 查 与 考 核

第五十六条 危险化学品安全监督检查实行上级督查、同级督办的工作机制。各级安全监督管理部门根据上级部署和年度工作安排，通过日常检查和专项督查等方式，对危险化学品安全管理制度执行、安全措施落实、现场作业操作规范、领用使用管理、台账记录等进行检查，督促落实本规定；发现影响危险化学品安全的违法行为，应场予以纠正或者责令限期改正。

第五十七条 各级安全监督管理部门是本单位危险化学品安全管理工作评价考核的责任部门，负责对本单位专业管理部门及相关单位危险化学品安全管理工作进行考评。对危险化学品安全管理工作中的先进单位和个人给予表彰和奖励，对危险化学品安全管理中存在问题的单位和个人进行通报和考核。

第五十八条 严格危险化学品事故考核和处罚，认真执行《国家电网有限公司安全工作奖惩规定》有关条款和其他相关文件要求，严肃追究相关单位和个人责任。

第六章 附 则

第五十九条 本办法由国家电网有限公司安全监察部负责解释并监督执行。

第六十条 本办法自发布之日起施行。

8. 国家电网有限公司民用爆炸物品安全管理工作规范（试行）

国家电网有限公司
民用爆炸物品安全管理工作规范
（试行）

第一章 总 则

第一条 为规范国家电网有限公司（以下简称公司）民用爆炸物品安全管理工作，加强安全风险管控，有效防范民用爆炸物品安全事故（件）的发生，依据《民用爆炸物品安全管理条例》等国家有关法律法规，结合公司实际，制定本规范。

第二条 本规范所称民用爆炸物品，是指列入民用爆炸物品品名表的各类火药、炸药及其制品和雷管、导火索等点火、起爆器材。

第三条 本规范所称民用爆炸物品安全管理，是指公司各级专业部门、安全监督部门，各建设单位、施工单位、监理单位对建设项目民用爆炸物品使用各环节进行的安全监督和管理工作。

第四条 本规范所指民用爆炸物品运输、存储和爆破作业，若无特殊说明，均指建设单位征地范围内的民用爆炸物品运输、存储和爆破作业。

第五条 民用爆炸物品安全管理必须坚持"安全第一、预防为主、综合治理""谁主管谁负责、谁使用谁负责"和"管生产必须管安全、管业务必须管安全"的原则。公司各单位，各级专业部门、安全监督部门，各建设单位、施工单位、监理单位应依据国家法规规范履行安全监督和管理职责。

第六条 公司各级单位不得从事民用爆炸物品的生产、销售、购买、运输和储存业务。

第七条 公司鼓励工程建设项目通过采用新技术、新材料、新工艺、新设备等方式，替代民用爆炸物品，降低安全风险。

第八条 本规范适用于公司各单位（含直属、全资、控股、代管、管理的单位）及公司建设项目参建单位的民用爆炸物品安全管理工作。

第二章 安 全 职 责

第九条 建设单位职责。

（一）贯彻落实民用爆炸物品安全法律法规、标准及公司规章制度，建立健全民用爆炸物品安全管控体系，策划民用爆炸物品安全管理工作，督促各参建单位落实安全责任。

（二）审核监理单位和人员爆破安全监理资格；审核民用爆炸物品储存库建设申请；审批爆破作业专业分包申请。

（三）建立健全民用爆炸物品安全监督管理台账，组织开展重大危险源辨识和管控。

（四）对民用爆炸物品购买、运输、存储、领用、退库以及爆破作业等环节安全管理进行监督检查。

（五）组织制定应急预案和现场处置方案，并开展应急演练。

第十条 监理单位职责。

（一）贯彻落实民用爆炸物品安全法律法规、标准及公司规章制度，制定爆破监理规划和监理实施细则并组织实施，监督施工单位落实安全责任。

（二）配备满足合同要求的、具有爆破安全监理资格的监理工程师。

（三）审查爆破作业专业分包计划和申请；审核爆破作业单位和人员资质；审查民用爆炸物品储存库建设申请。

（四）签认爆破技术设计和爆破工程施工组织设计。对安全措施落实和爆破后安全处理等进行检查确认。

（五）建立健全民用爆炸物品安全监理台账，组织开展危险源辨识和管控。

（六）开展民用爆炸物品购买、运输、存储、领用、退库以及爆破作业等环节安全监督检查，及时制止违章行为。

第十一条 施工单位职责。

（一）贯彻落实民用爆炸物品安全法律法规、标准及公司规章制度，建立健全民用爆炸物品安全管理体系，制定民用爆炸物品安全管理策划、管理制度和应急预案。

（二）明确并监督爆破作业单位落实民用爆炸物品安全管理职责。

（三）审查爆破作业单位和人员资质；审批爆破技术设计和爆破工程施工组织设计，并按监理签认的爆破技术设计和施工组织设计组织施工。

（四）组织民用爆炸物品储存库和临时存放点建设、验收和使用过程全面管理工作。

（五）负责组织民用爆炸物品购买、运输、存储、领用、退库以及爆破作业等环节安全管理工作。

（六）建立健全民用爆炸物品安全管理台账，开展危险源辨识和管控。

第十二条 爆破作业单位职责。

（一）贯彻落实民用爆炸物品安全法律法规、标准及公司规章制度，落实民用爆炸物品安全管理主体责任，建立健全安全工作体系，制定安全责任制、安全管理制度和现场处置方案。

（二）组织本单位从业人员开展爆破作业技能及安全知识培训，保证从业人员资格满足国家法律、法规要求。

（三）负责爆破作业合同备案和爆破作业项目申请。

（四）开展民用爆炸物品储存库和临时存放点建设、验收和使用过程具体管理工作。

（五）制定爆破技术设计和施工组织设计，并按监理签认的爆破技术设计和施工组织设计施工作业。

（六）负责民用爆炸物品购买、运输、存储、领用、退库以及爆破作业等环节安全管理工作。

（七）建立健全民用爆炸物品安全管理台账，开展危险源辨识并落实管控措施。

第十三条 施工单位自行开展爆破作业施工的，应同时履行爆破作业单位的相应职责。

第十四条 实施 EPC 模式的建设项目，EPC 总承包商应按合同约定履行建设单位职责。

第三章 安 全 管 理

第一节 一 般 规 定

第十五条 建设单位在工程设计、监理、施工等项目采购时，应在合同中明确民用爆炸物品的安全管理职责和监理、施工单位爆破作业人员的资质要求。施工单位将爆破作业项目分包时，应在合同中明确民用爆炸物品的安全管理职责和分包单位爆破作业人员的资质要求。

第十六条 民用爆炸物品的储存、运输、发放应符合《爆破安全规程》和《小型民用爆炸物品储存库安全规范》等有关规定。

第十七条 建设单位应将民用爆炸物品管理纳入安全管理总体策划，并制定工程项目民用爆炸物品管理制度。

第十八条 施工单位应编制合同标段的民用爆炸物品安全管理策划，制定相关管理制度，报监理单位审批、建设单位备案。

第十九条 爆破作业单位应按照国家有关民用爆炸物品管控要求，建立健全安全责任制、安全管理制度、应急处置等安全管理体系，落实从业人员安全培训和资格取证要求。

第二十条 建设单位应根据国家法律法规和地方政府要求，设置爆破安全监理。未设置专项爆破安全监理的，工程监理单位应配备具有爆破安全监理资格的监理工程师，对爆破作业安全进行监督管理。工程监理与爆破安全监理非同一单位时，建设单位应按监理合同和相关法规规定，厘清爆破安全监理单位与工程监理单位的工作界面，明确双方的监理职责和监理范围。

第二十一条 民用爆炸物品安全管理应纳入本单位教育培训范围。

第二十二条 建设单位应组织参建单位落实民用爆炸物品和爆破作业安全管控信息化措施，通过视频监控等方式对民用爆炸物品储存库、临时存放点、爆破作业全过程进行监控，并将相关数据接入公司危化品安全监督管理信息系统。

第二十三条 监理单位应在民用爆炸物品领用、清退、爆破作业、爆后安全检查及盲炮处理的各环节实行旁站监理，并作出监理记录。

第二十四条 爆破作业单位在建设单位征地范围外运输、储存民用爆炸物品的，应严格遵守地方政府主管部门的规定，并将从业单位、运输车辆和相关人员资质等信息报施工单位、监理单位备案。

第二十五条 建设单位、监理单位、施工单位，应分层级建立健全民用爆炸物品安全管理台账，包括但不限于从业单位、从业人员资质及民用爆炸物品储存量和流向等信息。

第二十六条 施工单位应及时开展民用爆炸物品危险源辨识。初步辨识为重大危险源的，应及时报监理单位审核，由建设单位组织评估确认后，纳入重大危险源管理，并按规定报送政府主管部门备案。重大危险源辨识、备案及管控情况应报省公司级单位。

第二十七条 省公司级单位应对重大危险源进行监督检查，并将监督检查情况报公司总部。

第二十八条 施工单位应根据民用爆炸物品运输、储存、使用情况，建立危险化学品安全风险分布档案，按规定报送地方政府主管部门备案。

第二十九条 各级安全监督管理人员开展民用爆炸物品安全监督检查时，应遵守相关法律法规、标准及公司规章制度。

第二节 采 购

第三十条 设计单位应对工程施工的民用爆炸物品品类、数量需求进行设计。

第三十一条 公司建设项目民用爆炸物品应由爆破作业单位依法从民用爆炸物品生产企业或销售企业采购。

第三十二条 爆破作业单位应根据工程建设进度，编制民用爆炸物品需求计划，经监理单位审批后报建设单位备案。爆破作业单位依据审批的民用爆炸物品需求计划组织采购。

第三十三条 购买民用爆炸物品应依法办理《民用爆炸物品购买许可证》。

第三十四条 公司建设项目禁止采购、使用电雷管和无电子追踪标识的民用爆炸物品。

第三节 运 输

第三十五条 民用爆炸物品应由有相应资质的单位运送至民用爆炸物品储存库或按需求计划运送至爆破施工作业面，民用爆炸物品运输单位应依法办理《民用爆炸物品运输许可证》。

第三十六条 民用爆炸物品运输车应符合《民用爆炸物品运输车安全技术条件》的要求，并按照规定悬挂或者安装符合国家标准的易燃易爆危险物品警示标志，配备消防器材。

第三十七条 民用爆炸物品运输车驾驶员应接受岗前培训，熟悉施工现场路况，驾驶员、押运员、装卸管理人员应随身携带从业资格证。

第三十八条 建设单位征地范围内民用爆炸物品运输应避开人员集中区域，运输路线应经监理单位审查后报建设单位批准。路线调整应重新履行审批手续。

建设单位提供的运输道路和施工单位依据合同所修建的临时道路应符合民用爆炸物品运输车通行的安全条件，施工单位应对运输道路进行安全条件检查，监理单位应组织对道路安全条件进行监督。临时存放点至爆破作业地点的运输道路安全条件由施工单位负责。

第三十九条 民用爆炸物品装卸应严格执行安全操作规程，装卸现场应设置警戒，禁止无关人员进入。

第四十条 民用爆炸物品运输车应配备具有行驶轨迹记录功能的定位装置，并进行实时监控，车辆偏离规划路线或超速应自动告警。

第四十一条 民用爆炸物品运输车的车厢不得载人，非押运人员不得搭乘，民用爆炸物品不得与其他货物混装，雷管和炸药不宜同车运输。雷管与炸药同车运输时，应使用符合有关规定的民用爆炸物品同载车。

第四十二条 民用爆炸物品运输途中，驾驶员不得随意停车。因特殊情况需要较长时间停车的，驾驶员、押运员应当设置警戒带，并采取相应的安全防范措施。

第四节 存 储

第四十三条 公司建设项目优先使用当地具有合法手续、安全条件满足规范要求的民用爆炸物品储存库。

第四十四条 公司建设项目征地范围内原则上不得建设民用爆炸物品储存库。经论证确有必要建设的，应报省公司级单位建设项目管理部门审批；储存量达到重大危险源临界量的，应报公司总部建设项目管理部门审批。施工单位、爆破作业单位建设民用爆炸物品储存库，应按规定报当地公安机关批准。

建设民用爆炸物品储存库的单位应建立入库、出库、退库、库存台账和健全的安全管理制度。

第四十五条 民用爆炸物品储存库应由具有相应资质和经验的设计单位，按照《民用爆炸物品工程设计安全标准》《民用爆炸物品储存库治安防范要求》《小型民用爆炸物品储存库安全规范》等规范要求选址设计。

第四十六条 民用爆炸物品储存库通过所在地县公安机关验收后方可投入使用。

第四十七条 施工单位需要设置民用爆炸物品临时存放点的，应经工程监理单位批准。

第四十八条 民用爆炸物品临时存放点安全防范措施应符合《爆破安全规程》等有关规定，并按地方政府规定经当地公安机关验收或同意后方可投入使用。

第四十九条 民用爆炸物品临时存放点应设专人管理、看护。

第五十条 严禁民用爆炸物品储存库、临时存放点超规定存放爆破器材。临时存放的爆破器材应不超过当班爆破作业用量和公安机关审批同意的数量。

第五十一条 民用爆炸物品储存库管理单位应按规定建立民用爆炸物品流向管理制度。管理人员应按规定发放民用爆炸物品。民用爆炸物品出入库应建立台账，流向信息记录应完整。储存库内账物相符、日清月结。

第五十二条 施工单位应将民用爆炸物品储存库、临时存放点管理单位和人员资质报监理单位审查，将相关验收资料报监理单位备案。

第五十三条 施工单位、爆破作业单位在建设单位征地范围外租用或建设民用爆炸物品储存库的，应保证民用爆炸物品储存库合法、合规。

第五节 爆 破 作 业

第五十四条 爆破作业单位应依规将爆破作业合同向爆破作业所在地县级公安机关备案。

第五十五条 爆破作业单位应具有《爆破作业单位许可证》，爆破作业人员应具有《爆破作业人员许可证》。爆破作业单位和人员资质等级和业务范围应符合《爆破作业单位资质条件和管理要求》《爆破作业人员资格条件和管理要求》等规定。

第五十六条 爆破作业项目实施前应按《爆破安全规程》规定发布施工公告和爆破公告。

第五十七条 爆破工程应编制爆破技术设计和施工组织设计。

编制爆破技术设计的单位和人员资质应符合规范要求。施工组织设计编写负责人应持有与施工工程相符合的爆破工程技术人员安全作业证。施工组织设计应按照危险作业项目管理要求进行编审批，属于危险性较大的分部分项工程的，施工组织设计应按相应要求进行编审批和论证。

第五十八条 爆破作业应严格按爆破技术设计和施工组织设计实施，确保工程安全。起爆前，施工单位、监理单位应检查确认爆破技术设计和施工组织设计中人员疏散、设施防护、爆破警戒等安全措施落实情况。安全措施未执行的，禁止起爆。

第五十九条 起爆结束后，爆破作业单位应检查确认无盲炮或其他险情后方可解除爆破警戒。

第六十条 爆后检查的等待时间按爆破技术设计执行，应不低于 15 分钟。

第六十一条 《爆破安全规程》规定的 D 级以上爆破工程以及可能引起纠纷的爆破工程，施工单位应按照《爆破安全规程》规定进行有害效应监测。

第六十二条 在城市、风景名胜区和重要工程设施附近实施爆破作业的，爆破作业单位应当向爆破作业所在地设区的市级人民政府公安机关提出申请。须经公安机关审批的爆破作业项目，应由具有相应资质的安全监理单位进行监理，由爆破作业所在地县级人民政府公安机关负责组织实施安全警戒。

第六十三条 爆破安全监理工程师应持证上岗。公安机关审批的爆破作业项目，总监理工程师应持有高级爆破工程技术人员资格，且不低于爆破工程级别。

第六十四条 公安机关审批的爆破作业项目，爆破作业单位应在实施爆破作业活动结束后 15 日内，将经爆破作业项目所在地公安机关批准确认的爆破作业设计施工、安全评估、安全监理的情况，向核发《爆破作业单位许可证》的公安机关备案，并提交《爆破作业项目备案表》。

第六节 退 库

第六十五条 作业后剩余的民用爆炸物品，爆破作业单位应当班清退回库。民用爆炸物品储存库管理人员应对民用爆炸物品使用、退库和出库数量进行认真核对。

第六十六条 严禁私存、截留、藏匿、出售、转让、私用、倒卖等导致民用爆炸物品流失的行为。

第六十七条 监理单位应对爆破作业单位民用爆炸物品退库情况进行监督。

第六十八条 不再使用民用爆炸物品时，爆破作业单位应当将剩余的民用爆炸物品登记造册，报所在地县级人民政府公安机关组织监督销毁。

第四章 应 急 与 反 恐

第六十九条 民用爆炸物品交易应通过银行账户进行，不得使用现金或者实物。

第七十条 民用爆炸物品储存库人防、物防、技防、犬防措施应符合《民用爆炸物品储存库治安防范要求》和《小型民用爆炸物品储存库安全规范》规定。

第七十一条 建设单位应组织参建单位对民用爆炸物品进行风险分析，在有关专项应急预案中明确民用爆炸物品流失、爆炸、火灾等突发事件应急措施。制定民用爆炸物品丢失、被盗、遭抢、运输车故障等现场处置方案。应急预案应定期演练。

第七十二条 有可疑人员强行进入民用爆炸物品储存库、临时存放点、爆破作业现场，或阻拦民用爆炸物品运输车时，现场人员应立即报警，并报告施工单位。施工单位接到报告后，应立即启动应急预案，并报告监理单位和建设单位。

第七十三条 发生民用爆炸物品流失、爆炸安全事故，事故发生单位应立即启动现场处置方案，即时报告事故信息，迅速组织抢救，防止事故扩大，减少人员伤亡和财产损失，并保护好事故现场，配合上级及地方主管部门调查处理。

第五章 检查与考核

第七十四条 民用爆炸物品安全监督检查实行上级督查、同级督办的工作机制。各级安全监督管理部门根据上级部署和年度工作安排，通过日常检查和专项督查等方式，对民用爆炸物品安全管理制度执行、安全措施落实、现场作业操作规范、领用使用管理、台账记录等进行检查，督促落实本规范；发现影响民用爆炸物品安全的违法行为，应当场予以纠正或者责令限期改正。

第七十五条 各级安全监督管理部门是本单位民用爆炸物品安全管理工作评价考核的责任部门，负责对本单位专业管理部门及相关单位民用爆炸物品安全管理工作进行考评。对民用爆炸物品安全管理工作中的先进单位和个人给予表彰和奖励，对民用爆炸物品安全管理中存在问题的单位和个人通报批评和考核。

第七十六条 各单位应按照《国家电网有限公司安全工作奖惩规定》有关条款和其他相关文件要求，对民用爆炸物品事故责任单位和责任人进行考核。

第六章 附 则

第七十七条 本规范由国家电网有限公司安全生产委员会办公室负责解释。文中引用的文件，其最新版本（包括所有的修改单）适用于本规范。

第七十八条 本规范自印发之日起施行。

参 考 依 据

1.《中华人民共和国安全生产法》（主席令第七十号）

2.《中华人民共和国反恐怖主义法》

3.《民用爆炸物品安全管理条例》（国务院令第 466 号）

4.《爆破安全规程》（GB 6722—2014）

5.《民用爆炸物品工程设计安全标准》（GB 50089—2018）

6.《民用爆炸物品储存库治安防范要求》（GA 837—2009）

7.《小型民用爆炸物品储存库安全规范》（GA 838—2009）

8.《爆破作业单位资质条件和管理要求》（GA 990—2012）

9.《爆破作业项目管理要求》（GA 991—2012）

10.《爆破作业人员资格条件和管理要求》（GA 53—2015）

11.《民用爆炸物品运输车安全技术条件》（WJ 9073—2012）

12.《民用爆炸物品重大危险源辨识》（WJ/T 9093—2018）

13.《水电水利工程爆破施工技术规范》（DL/T 5135—2013）

14.《爆破安全监理规范》（T/CSEB 0010—2019）

15.《国务院办公厅关于印发危险化学品安全综合治理方案的通知》（国办发〔2016〕88 号）

16.《民用爆炸物品品名表》（中华人民共和国公安部公告　2006 年第 1 号）

17.《电力建设工程施工安全监督管理办法》（发改委令第 28 号）

9. 国家电网有限公司剧毒、易制毒及易制爆化学品安全管理工作规范（试行）

国家电网有限公司
剧毒、易制毒及易制爆化学品安全管理
工作规范（试行）

第一章 总 则

第一条 为规范国家电网有限公司（以下简称公司）剧毒、易制毒及易制爆化学品安全管理工作，加强剧毒、易制毒及易制爆化学品安全风险管控，防范剧毒、易制毒及易制爆化学品安全事故，依据《危险化学品安全管理条例》等国家有关法律法规、标准，结合公司实际，制定本规范。

第二条 本规范所称剧毒化学品，是指列入国务院应急管理部门会同国务院生态环境、工业和信息化、公安、交通等部门确定并公布的危险化学品目录、符合剧毒物品毒性判定标准、标注为剧毒化学品的化学品。

第三条 本规范所称易制毒化学品，是指国家规定管制的可用于制造毒品的前体、原料和化学配剂等物质，具体分类和品种详见《易制毒化学品管理条例》附表。

第四条 本规范所称易制爆化学品，是指列入公安部确定、公布的易制爆危险化学品名录，可用于制造爆炸物品的化学品。

第五条 本规范所称小剂量存放场所，是指公司各级单位为满足生产、试验、科研等工作需要在现场设置的，所有易制毒、易制爆化学品储存总量不超过 50kg 的储存室或储存柜。

第六条 公司剧毒、易制毒及易制爆化学品安全管理坚持"谁使用谁负责，谁主管谁负责"的原则，强化和落实使用单位安全管理主体责任和归口业务部

门监督责任，做到全方位、全过程风险管控。

第七条　公司所属涉及剧毒、易制毒和易制爆化学品的各级单位（以下统称为剧毒、易制毒和易制爆化学品使用单位）是剧毒、易制毒及易制爆化学品安全管理的责任主体，应当按照相关法律、法规规定建立健全剧毒、易制毒及易制爆化学品安全管理和治安保卫规章制度，设置相应的安全管理机构和治安保卫机构，配备专（兼）职管理人员和经培训合格的专职治安保卫人员，并将机构设置和人员配备情况报属地政府公安机关和上级单位备案。

第八条　剧毒、易制毒和易制爆化学品使用单位主要负责人是本单位剧毒、易制毒及易制爆化学品安全管理第一责任人，对本单位剧毒、易制毒及易制爆化学品安全管理工作全面负责。

第九条　剧毒、易制毒和易制爆化学品使用单位应当根据所使用的化学品的种类、危险特性以及使用量和使用方式，建立、健全剧毒、易制毒及易制爆化学品安全管理规章制度和安全操作规程，确保符合国家法律、法规、规范、标准的要求。

第十条　公司鼓励各级单位积极组织开展剧毒、易制毒及易制爆化学品安全管理创新和先进技术应用研究，不断提高剧毒、易制毒及易制爆化学品安全管理水平。

第十一条　本规范适用于公司各级单位（含直属、全资、控股、代管、管理的单位）剧毒、易制毒和易制爆化学品的安全管理。

第二章　职　责　分　工

第十二条　安全监督管理部门职责：

（一）协助单位主要负责人贯彻落实国家、属地政府有关剧毒、易制毒及易制爆化学品安全法律法规、技术规范和公司相关规章制度要求，建立健全本单位剧毒、易制毒及易制爆化学品安全管理规章制度和安全监督体系。

（二）监督相关部门组织本专业剧毒、易制毒及易制爆化学品管理过程安全风险辨识、评估和风险控制措施的落实。

（三）根据本单位实际情况，组织建立健全相关部门、人员剧毒、易制毒及易制爆化学品岗位安全责任、履职要求和考核标准，并定期组织监督检查和考核。

（四）监督相关部门开展剧毒、易制毒及易制爆化学品事故隐患排查治理活动，配合属地政府行政主管部门和上级单位组织的剧毒、易制毒及易制爆化学品管理监督、检查和指导，组织或督促相关问题的整改。

（五）组织或参与本单位剧毒、易制毒及易制爆化学品管理人员和相关岗位人员参加专业培训机构组织的培训，取得相应的岗位资格。

（六）配合技术、工艺等部门开展剧毒、易制毒及易制爆化学品先进应用技术工艺研究。

（七）组织制定本单位剧毒、易制毒及易制爆化学品事故应急救援预案（或现场处置方案），定期组织培训、演练，建立健全专业应急管理体系和事故（事件）应急救援响应机制。

（八）按照《国家电网有限公司安全事故调查规程》授予的权限，组织本单位剧毒、易制毒及易制爆化学品安全事故调查，提出处理和整改意见，督促和核查事故（事件）暴露问题整改，并如实向属地政府和上级单位报告。

第十三条 治安保卫管理部门职责：

（一）协助单位主要负责人贯彻落实国家、属地政府有关剧毒、易制毒及易制爆化学品治安保卫工作的法律、法规、技术规范和公司相关规章制度要求。

（二）负责组织建立健全本单位剧毒、易制毒及易制爆化学品治安保卫管理规章制度和治安保证体系。

（三）组织本单位剧毒、易制毒及易制爆化学品治安保卫管理过程安全风险辨识、评估和风险控制措施的落实。

（四）组织本单位剧毒、易制毒及易制爆化学品治安防范人防、物防、技防系统的建设。

（五）组织本单位剧毒、易制毒及易制爆化学品治安保卫管理过程隐患排查治理，接受属地政府公安机关和上级单位的业务指导和监督检查，并督促相关问题的整改。

（六）负责本单位监控中心的值守和紧急情况的报告与处置。

第十四条 人力资源管理部门职责：

（一）负责在本单位组织贯彻落实国家、属地政府和公司有关剧毒、易制毒及易制爆化学品安全管理机构设置和人力资源配备的要求，提供专业管理所必需的组织和人力资源保证。

（二）负责将剧毒、易制毒及易制爆化学品管理人员及相关人员岗位资格培训纳入本单位职工教育培训计划，组织或监督相关部门、单位实施。

（三）负责统筹组织本单位剧毒、易制毒及易制爆化学品专家队伍建设和兼职培训师培养工作，为相关工作提供专业人才支撑。

（四）负责将剧毒、易制毒及易制爆化学品岗位安全责任履行情况纳入相关部门、人员的绩效考评内容，组织落实安全监督或其他专业部门提出的考核意见。

第十五条 使用部门职责：

（一）负责落实本单位剧毒、易制毒及易制爆化学品安全相关规章制度要求，建立健全本单位剧毒、易制毒及易制爆化学品使用、储存管理安全保证体系。

（二）负责落实剧毒、易制毒及易制爆化学品使用、储存管理过程安全风险辨识、评估和风险控制措施的落实。

（三）根据生产实际情况，建立健全剧毒、易制毒及易制爆化学品岗位安全操作规程及岗位安全责任、履职要求和考核标准。

（四）组织开展本单位剧毒、易制毒及易制爆化学品使用、储存管理过程事故隐患排查治理活动，组织相关问题的整改。

（五）在剧毒、易制毒及易制爆化学品事故发生时，及时、如实报告并组织应急响应，配合事故调查。

第十六条 物资管理部门职责：

（一）负责组织贯彻落实国家、属地政府和公司有关剧毒、易制毒及易制爆化学品采购管理要求，依据采购规范，落实采购过程中相关安全管理要求。

（二）负责本单位剧毒、易制毒及易制爆化学品供应商管理。

（三）负责组织本单位剧毒、易制毒及易制爆化学品采购管理过程安全风险辨识、评估和风险控制措施的落实。

（四）负责组织本单位剧毒、易制毒及易制爆化学品采购管理过程隐患排查治理，并组织或督促相关问题的整改。

第十七条 科技部门职责：

（一）负责在组织本单位新产品研发和工艺设计的过程中控制剧毒、易制毒及易制爆化学品的使用，减轻、降低或消除剧毒、易制毒及易制爆化学品使用带来的危害。

（二）负责组织本单位剧毒、易制毒及易制爆化学品管理创新和先进应用技术工艺研究，审核、发布和组织推广相关创新成果。

第十八条 环保管理部门职责：

（一）监督、指导剧毒、易制毒及易制爆化学品全生命周期过程中的环保工作。

（二）负责组织本单位剧毒、易制毒及易制爆废弃化学品的废弃处置工作。

第十九条 财务、基建等其他相关部门按照"管业务必须管安全"的原则，负责在各自职责范围内组织落实剧毒、易制毒及易制爆化学品安全管理的要求，组织开展本专业剧毒、易制毒及易制爆化学品安全管理监督、检查、评价和考核。

第三章 安 全 管 理

第一节 一 般 规 定

第二十条 剧毒、易制毒及易制爆化学品库房管理人员和作业人员应当参加具有相应资质的培训机构组织的专业培训，熟悉有关化学品的危险（危害）特性、预防控制措施和应急处置措施，经考核合格后方可上岗。

第二十一条 剧毒、易制毒及易制爆化学品库房管理、治安保卫、审批、领用人员的信息应当在本单位安全监督和治安保卫部门备案，非备案人员不得参与剧毒、易制毒及易制爆化学品的库房管理、治安保卫和审批、领用工作。

第二十二条 剧毒、易制毒及易制爆化学品储存、使用场所总体布局和设计应当符合《工业总平面设计规范》（GB 50187）、《工业企业设计卫生标准》（GBZ 1）等规范和标准，由具备国家规定资质的单位设计和建设施工，其安全、环保、职业卫生、消防和治安防范设施应当与主体工程同时设计、同时施工、同时投入使用。

具有燃爆特性的剧毒、易制毒及易制爆化学品储存、使用场所设置（或布置）于多层建筑物内时，宜设置（或布置）在建筑物一层的边隅位置，不得设置（或布置）在地下室或其他地下建筑内。

第二十三条 剧毒、易制毒及易制爆化学品储存、使用场所建筑耐火极限、平面布置、防火分区、防火分隔、防火间距、消防设施设置、灭火器配置和防雷设施设计等，应当符合《建筑设计防火规范》（GB 50016）、《建筑灭火器配置设计规范》（GB 50140）、《建筑物防雷设计规范》（GB 50057）等标准、规范的要求。

第二十四条 剧毒、易制毒及易制爆化学品储存、使用场所应当根据其种类和危险（危害）特性，设置符合国家或行业标准的监测、监控、通风、通信、报警、防火、防爆、防晒、调温、泄压、防毒、中和、防潮、防静电、防腐、防泄漏以及防护围堤等安全设施、设备，并指定专人定期检查、检测、检验和维护，保证相关设施、设备的正常使用。

第二十五条　剧毒、易制毒及易制爆化学品运输车辆进入厂区前，使用单位应对其行驶证、营运证及人员资质证件及车辆安全措施等进行检查、确认，若不符合标准要求，禁止车辆进入厂区。车辆进入厂区后，应按指定路线行驶，并安排专人全程监护，直至离开厂区。

第二节　采　购　管　理

第二十六条　采购剧毒化学品应当依照《剧毒化学品购买和公路运输许可证件管理办法》的规定，向属地设区的市级人民政府公安机关申请取得《剧毒化学品购买凭证》或《剧毒化学品准购证》，并按上述办法的规定建立规范的购买凭证保管、填写、审核、签批、使用制度，严格管理。

剧毒化学品购买凭证因故不再使用或用完时，应当及时将尚未使用的购买凭证连同已经使用完的购买凭证的存根交回原发证公安机关核查存档。

第二十七条　采购剧毒、易制毒及易制爆化学品前，剧毒、易制毒和易制爆化学品使用单位应当登录相关化学品信息管理系统（或者填写购买申请表），向属地政府公安机关提出购买申请。申请信息包括但不限于拟采购剧毒、易制毒及易制爆化学品的品种、数量及流向等信息。

第二十八条　采购第一类易制毒化学品前，剧毒、易制毒和易制爆化学品使用单位应当报属地省、自治区、直辖市人民政府卫生健康部门或公安机关审批，取得《易制毒化学品购买许可证》；采购第二类、第三类易制毒化学品的，应当在采购前将拟采购的易制毒化学品品种、数量向属地政府公安机关备案。

第二十九条　禁止在未取得（或使用作废的）购买许可凭证或属地政府行政主管部门备案（或批复）文件的情况下购买相应品类化学品。

禁止超出许可或者备案的品种、数量购买剧毒、易制毒及易制爆化学品。

禁止伪造、变造、买卖、出借，或者以其他方式转让上述购买许可凭证和备案、批复文件。

禁止员工以个人名义为单位代购剧毒、易制毒及易制爆化学品。

第三十条　组织剧毒、易制毒及易制爆化学品采购工作时，剧毒、易制毒和易制爆化学品使用单位应当严格审核、查验供应商的资质证照原件（详见附件 1）、化学品安全标签和化学品安全技术说明书等资料，留存相应资质证照和文件资料的复印件。

禁止从资质证照不齐全的单位采购剧毒、易制毒及易制爆化学品，不得采购没有化学品安全标签和化学品安全技术说明书的剧毒、易制毒及易制爆化学品。

第三十一条 采购剧毒化学品时，剧毒、易制毒和易制爆化学品使用单位应当向销售单位出具《剧毒化学品购买凭证》或《剧毒化学品准购证》；采购易制爆化学品时，应当向销售单位出具本单位工商营业执照、经办人身份证明等合法证明复印件和包含拟采购易制爆化学品具体用途、品种、数量等内容的合法用途说明。

第三十二条 采购协议达成后，剧毒、易制毒和易制爆化学品使用单位应当以书面形式向供应商提出以下要求：剧毒、易制毒及易制爆化学品应当委托具有相应危险货物运输资质的企业承运，包装和标识必须规范、完整，不得以交寄（包括匿报或者谎报为普通物品）或者在邮件、快递内夹带等方式运抵和交付。

第三十三条 剧毒化学品和易制爆化学品购买后 5 日内，剧毒、易制毒和易制爆化学品使用单位应当通过剧毒化学品和易制爆危险化学品信息管理系统，将所购买的剧毒化学品和易制爆化学品的品种、数量以及流向等信息报属地政府公安机关备案。

第三十四条 涉及易制毒化学品的使用单位每年 3 月 31 日前应向原许可或者备案的县级人民政府行政主管部门和公安机关报告本单位上年度易制毒化学品的购买、使用情况。

第三十五条 剧毒、易制毒及易制爆化学品采购除应当遵守本规范的规定外，属于药品和危险化学品的，还应当遵守国家相关法律、法规对药品和危险化学品的有关规定。

第三节 储存和使用管理

第三十六条 剧毒、易制毒及易制爆化学品应当按照国家有关标准和规范要求，根据其危险（危害）特性，分类、分区、分库储存在专用仓库、专用场地或者专用储存室（以下简称专用仓库）内，并在醒目位置设置相应的安全标志。

剧毒、易制毒及易制爆化学品不得与安全防护、灭火方法禁忌的物料混合储存。禁忌物料配置详见《常用化学危险品贮存通则》（GB 15603）附录 A。

剧毒化学品和构成重大危险源的易制毒、易制爆化学品应当单独存放在专用仓库内，不得与易燃、易爆和腐蚀性物品等一起储存。

第三十七条 剧毒化学品和易制爆化学品储存场所应当按照《剧毒化学品、

放射源存放场所治安防范要求》（GA 1002）和《易制爆化学品储存场所治安防范要求》（GA 1511）等规范、标准要求，设置（或采取）必要的人力防范、实体防范和技术防范等治安防范措施，防止丢失或者被盗。

第三十八条　剧毒、易制毒及易制爆化学品的储存数量应当与储存场所的初始设计和风险评价（评估）结果相适应，不得超量储存。其中，剧毒化学品库房储存量应当符合《常用化学危险品贮存通则》（GB 15603）表 1 规定，小剂量存放场所内储存的各类易制毒、易制爆化学品总量不得超过 50kg。

第三十九条　剧毒、易制毒及易制爆化学品运输包装及储存垛距、墙距、顶距应当符合《危险货物运输包装通用技术条件》（GB 12463）、《常用化学危险品贮存通则》（GB 15603）、《化学品分类和标签规范　第 1 部分：通则》（GB 30000.1）等相关技术规范、标准的要求，容器上的化学品安全标签应粘贴牢固，保持完好、清晰。

第四十条　剧毒、易制毒及易制爆化学品储存、使用场所及相关设施、设备上，应当按照《安全标志及其使用导则》（GB 2894）、《消防安全标志第 1 部分：标志》（GB 13495.1）、《工作场所职业病危害警示标识》（GBZ 158）等规范、标准要求，设置明显且规范的警示标识。

第四十一条　剧毒、易制毒及易制爆化学品储存、使用场所应当在醒目位置公示与储存、使用物质相适应的化学品安全技术说明书、岗位风险告知卡、应急预案（或现场处置方案）、规章制度和安全操作规程。

第四十二条　剧毒化学品和储存、使用易制毒、易制爆危险化学品构成重大危险源的，其所在单位应当将其储存数量、地点和管理人员等信息报属地政府应急管理部门和公安机关备案，同时上报省公司级单位。省公司级单位应当对下属单位重大危险源辨识、评估等安全管控工作进行监督管理，并将监督情况报公司总部。

第四十三条　剧毒化学品和储存、使用易制毒、易制爆危险化学品构成重大危险源的，应当按照《危险化学品重大危险源监督管理暂行规定》要求委托具备国家规定资质条件的机构对重大危险源进行辨识、安全评估及分级，并将结果报属地政府应急管理部门及省公司级单位备案。

第四十四条　剧毒、易制毒和易制爆化学品使用单位应当建立出入库核查、登记制度，安排专人负责剧毒、易制毒及易制爆化学品的收储、发放和人员、车辆的出入库登记。发现不符合要求的，应当及时处置并向本单位安全监督和治安保卫部门报告。登记资料和值班记录至少应保存 2 年。

第四十五条 剧毒化学品和构成重大危险源的易制毒、易制爆化学品出入库应当严格落实"五双"(双人收发、双人记账、双人双锁、双人转运、双人使用)管理要求,库房管理人员和单位安全监督、治安保卫人员应当同时在场,并在发放监督记录上签字确认。

第四十六条 领用剧毒、易制毒及易制爆化学品应当填报领用审批单,并经单位主要负责人审批。领用审批单上的领用单位、领用日期、品种、规格、数量、用途等信息应当填写完整,领用人、审批人应当与备案信息保持一致。

第四十七条 剧毒、易制毒及易制爆化学品使用场所原则上应当与储存场所在同一厂区,并使用有明显标识和具备一定防盗抢技术性能的专用车辆进行转运。必须跨厂区通过道路转运易制毒和易制爆化学品的,应当依照有关道路运输的法律、法规规定,委托依法取得危险货物道路运输许可的企业承运;转运剧毒化学品的,还应向运输始发地或者目的地县级人民政府公安机关申请剧毒化学品道路运输通行证。

第四十八条 装卸、搬运剧毒、易制毒及易制爆化学品时,应当轻装、轻卸,保持包装容器和相关标识完好,严禁摔、碰、撞击、拖拉、倾倒和滚动。包装不牢、破损或标签、标志不明显的不明化学品,不得装卸、运输,并及时将有关情况向安监部门报告。

第四十九条 使用管道输送剧毒、易制毒及易制爆化学品或其溶剂的,其管道的设计、施工在符合《工业金属管道设计规范》(GB 50316)和《工业金属管道施工规范》(GB 50235)的基础上,还应在储罐或输送管道上设置液位计、流量计等计量装置,以对其使用量进行计量。

第五十条 转移或分装剧毒、易制毒及易制爆化学品前,应当对盛装容器进行介质置换、清洗及完好性和适用性检查,并在容器上张贴与拟盛装物质一致的化学品安全标签。盛装容器检查记录至少应保存 2 年。

第五十一条 用于剧毒、易制毒及易制爆化学品分装或管道输送计量的器具应当经过法定计量校准,并定期校验。

第五十二条 剧毒、易制毒及易制爆化学品收储、发放工作完成后,库房管理人员应当及时将收储和发放信息录入公司危险化学品信息管理系统和属地剧毒化学品、易制毒化学品、易制爆化学品信息管理系统。

第五十三条 剧毒、易制毒及易制爆化学品应当在指定的场所内使用,未履行必要的审批程序和落实有关安全生产、治安防范措施前，不得在非指定场所使用。

第五十四条 装卸、搬运、分装、使用剧毒、易制毒及易制爆化学品及治安值守时，作业人员应当按照附件 2 正确穿戴和使用岗位劳动防护用品，严格遵守有关规章制度和岗位安全操作规程，禁止违章作业。

作业结束后，作业人员应当用清洁的流水清洗手臂、口鼻等可能沾染化学品的部位。手及手臂、身体暴露部位有伤口的人员禁止参与可能接触剧毒化学品的任何工作。

第五十五条 易制毒、易制爆化学品小剂量存放处应当具备必要的防盗抢、防泄漏技术条件，明确管理责任人，并单独建立管理台账和流向记录。

第五十六条 剧毒、易制毒及易制爆化学品单次领用量不得超过当班用量，当班有剩余的，应当退库或存入小剂量存放场所内，不得在现场存放，其中，剧毒化学品有剩余的，必须退库并详细记录退回种类和数量。

第五十七条 剧毒、易制毒和易制爆化学品使用单位每年至少应组织 1 次本单位剧毒、易制毒及易制爆化学品储存、使用品类情况核查，并向上级单位安全监督部门报备；因产品研发、生产需要拟新增剧毒、易制毒及易制爆化学品及相关工艺时，应提前以书面形式逐级向省公司级单位报批。

第五十八条 公司鼓励各级单位积极开发和应用剧毒、易制毒及易制爆化学品电子追踪标识管理技术，实时监控和记录相关化学品的流向和流量。

第四节　废　弃　管　理

第五十九条 剧毒、易制毒和易制爆化学品使用单位应当按照《固体废物污染环境防治法》《国家危险废物名录》等法规、标准要求，对本单位废弃剧毒、易制毒及易制爆化学品及其盛装容器的环境危险特性进行鉴别，统一收集、储存和委托具备国家规定资质的单位进行妥善处置，严禁随意丢弃或处置（移交）给不具备国家规定资质的单位。

第六十条 剧毒、易制毒和易制爆化学品使用单位不得出借、转让购买的剧毒、易制毒及易制爆化学品。因转产、停产、搬迁、关闭等确需转让的，应当向具有相关许可证件或证明文件的单位转让，并应在转让后 5 日内会同接收单位将有关情况报告属地政府公安机关。

第六十一条 剧毒、易制毒和易制爆化学品使用单位转产、停产、停业或者解散的，应当采取有效措施，及时、妥善地处置其剧毒、易制毒及易制爆化学品储存设施和库存物品，并将储存设施和库存剧毒、易制毒及易制爆化学品处置方案报属地政府应急管理、工业和信息化、生态环境等行政主管部门和公安机关备案。

第四章 应 急 与 反 恐

第六十二条 剧毒、易制毒及易制爆化学品采购应当通过本单位银行账户或者电子账户进行交易，禁止使用现金或者实物进行交易。

第六十三条 剧毒、易制毒及易制爆化学品储存场所（储存室、储存柜除外）安全管理和治安防范状况应当纳入单位安全评价的内容，经安全评价合格后方可使用。

第六十四条 禁止各单位及个人在本单位网站或互联网上发布与所储存、使用易制爆化学品有关（包括利用易制爆化学品制造爆炸物品的方法）的信息及建立相关的链接。

第六十五条 易制爆化学品储存、使用单位及其相关场所、活动、设施等确定为防范恐怖袭击重点目标的，应当执行《中华人民共和国反恐怖主义法》的有关规定。

第六十六条 剧毒化学品和易制爆化学品专用仓库应当安排专人 24h 值守，值守人员的年龄、身体状况、受教育程度、行为规范和岗位安全技术知识水平等条件应当符合《剧毒化学品、放射源存放场所治安防范要求》（GA 1002）和《易制爆化学品储存场所治安防范要求》（GA 1511）等标准、规范的要求。

第六十七条 剧毒、易制毒和易制爆化学品使用单位应当按照《危险化学品单位应急救援物资配备要求》（GB 30077）等相关标准和规范，配备用于处置危险化学品事故的车辆和各类侦检、个体防护、警戒、通信、输转、堵漏、洗消、破拆、排烟照明、灭火、救生等物资及其他器材，并指定专人定期维护、保养，确保完好有效。

第六十八条 剧毒、易制毒和易制爆化学品使用单位应当建立剧毒、易制毒及易制爆化学品防泄漏、防火灾、防盗抢、防破坏、防技术防范系统故障应急预案，成立相应的应急组织机构，明确相关岗位人员应急职责，按照相关法律、法规规定的频次组织应急演练。

第六十九条 发生剧毒、易制毒及易制爆化学品泄漏、火灾等生产安全事故时，事故单位应当立即启动单位突发生产安全事故（事件）应急预案，向属地政府应急管理部门和上级单位报告，组织积极有效的应急救援响应活动。

第七十条　发生剧毒、易制毒及易制爆化学品丢失、盗抢等治安案件时，发案单位应当立即启动单位突发治安案件应急处置程序，向属地政府公安机关报告，积极配合调查。易制毒化学品发生以上情况，需同时向当地的县级人民政府食品药品监督管理部门、应急管理部门、商务主管部门或者卫生主管部门报告。

第五章　检 查 与 考 核

第七十一条　剧毒、小剂量存放场以外的易制爆化学品专用仓库应由治安保卫人员24h值守，值守人员每2h对库房安全状况和治安防范情况进行一次巡查，巡查时应携带自卫器具。巡查过程中发现场所、物质安全状况和治安防范措施存在隐患的，应及时整改；发现账物不符的，应及时查找，查找不到下落的，应当立即报告属地政府行政主管部门和公安机关。检查、巡查及问题整改记录至少应保存1年，工程项目依照其档案管理相关规定执行。

第七十二条　剧毒、易制毒和易制爆化学品使用单位应当根据有关法律、法规、标准和规范要求，结合本单位实际，明确各级人员剧毒、易制毒及易制爆化学品事故隐患排查周期、责任和内容，定期组织隐患排查治理活动；重大节日、重大活动前或者期间，应当组织治安防范专项监督检查。

第七十三条　业务归口部门应当按照本规范规定的职责范围，在组织本专业监督检查工作的同时，对所属单位剧毒、易制毒及易制爆化学品管理情况进行监督检查，督促相关问题的整改。监督检查发现重大事故隐患的，应当挂牌督办，责令限期整改。

第七十四条　剧毒、易制毒和易制爆化学品使用单位应当积极配合属地应急管理、食品药品监督管理、生态环境等行政主管部门和公安机关，以及上级单位组织的剧毒、易制毒及易制爆化学品管理监督检查，如实提供有关情况和材料、物品，积极整改和反馈检查单位提出的问题，不得拒绝、拖延或者隐匿。

第七十五条　各类隐患排查和监督检查应当记录在案，并将发现的问题纳入本单位隐患排查治理台账。排查和检查发现的问题应当按照隐患整改"五落实"（责任、措施、资金、期限和应急预案）原则，组织相关问题和隐患的整改。

第七十六条　剧毒、易制毒和易制爆化学品使用单位应当将剧毒、易制毒及易制爆化学品管理纳入安全生产和治安保卫工作范围进行考核评价，因违反法律、法规，或者管理失职失责、发生事故（事件），导致单位被属地政府应急管理、食品药品监督管理、生态环境等行政主管部门和公安机关行政处罚的，应当按照相关规定对责任部门和责任人员进行处理。

第六章　附　　则

第七十七条　本规范由国家电网有限公司安全生产委员会办公室负责解释并监督执行。文中引用的文件，其最新版本（包括所有的修改单）适用于本规范。

第七十八条　本规范自发布之日起施行。

附件 1

剧毒、易制毒及易制爆化学品
生产、经营、运输、使用单位及其从业人员
应当依法取得的资质证照

序号	资质证照名称	法律、法规依据	对应条款	审批、报备部门	备注
一、生产、经营、运输、使用单位资质证照					
（一）通用资质条件					
1	营业执照	《中华人民共和国公司法》	第七条	工商行政管理部门	复印件
（二）生产单位					
1	危险化学品安全生产许可证	《安全生产许可证条例》（国务院令第653号）	第二条	国务院应急管理部门负责中央管理的危险化学品生产企业安全生产许可证的颁发和管理	剧毒化学品、易制毒化学品和易制爆化学品生产企业中属于危险化学品生产企业的
				省、自治区、直辖市人民政府应急管理部门负责中央管理以外的危险化学品生产企业安全生产许可证的颁发和管理	
2	工业产品生产许可证	《中华人民共和国工业产品生产许可证管理条例》（国务院令第440号）	第二条第（五）款	所在地省、自治区、直辖市工业产品生产许可证主管部门	剧毒化学品、易制毒化学品和易制爆化学品生产企业中属于危险化学品生产企业的
3	易制毒化学品生产许可证	《易制毒化学品管理条例》（国务院令第445号，国务院令第703号最新修改）	第八条	国务院食品药品监督管理部门审批	第一类中的药品类易制毒化学品生产企业
				所在地省、自治区、直辖市人民政府应急管理部门审批	第一类中的非药品类易制毒化学品生产企业
			第十三条	所在地的设区的市级人民政府应急管理部门备案	第二类、第三类易制毒化学品生产企业
（三）经营单位					
1	危险化学品经营许可证	《危险化学品安全管理条例》（国务院令第591号）	第三十三条、第三十五条	所在地设区的市级人民政府应急管理部门批准	剧毒化学品、易制爆危险化学品
				所在地县级人民政府应急管理部门批准	易制毒危险化学品
2	易制毒化学品经营许可证	《易制毒化学品管理条例》（国务院令第445号，国务院令第703号最新修改）	第十条	国务院食品药品监督管理部门审批	第一类中的药品类易制毒化学品
				省、自治区、直辖市人民政府安全生产监督管理部门审批	第一类中的非药品类易制毒化学品
3	易制毒化学品经营备案证明		第十三条	所在地的设区的市级人民政府安全生产监督管理部门备案	第二类易制毒化学品
				所在地的县级人民政府安全生产监督管理部门备案	第三类易制毒化学品

序号	资质证照名称	法律、法规依据	对应条款	审批、报备部门	备注
（四）运输单位					
1	道路危险货物运输行政许可决定书	《道路危险货物运输管理规定》（交通运输部令2016年第36号）	第十二条	所在地设区的市级人民政府道路交通运输管理机构批准	
2	道路运输经营许可证		第十二条	所在地设区的市级人民政府道路交通运输管理机构批准	经营性危险货物运输单位
3	道路危险货物运输许可证		第十二条	所在地设区的市级人民政府道路交通运输管理机构批准	非经营性危险货物运输单位
4	道路运输证		第十二条	所在地设区的市级人民政府道路交通运输管理机构核发	运输单位自有专用车辆配发
5	剧毒化学品公路运输通行证	《剧毒化学品购买和公路运输许可证件管理办法》（公安部令第77号）	第三条、第八条	运输目的地县级人民政府公安机关交通管理部门批准	
6	易制毒化学品运输许可证	《易制毒化学品管理条例》（国务院令第445号，国务院令第703号最新修改）	第二十条	运出地设区的市级人民政府公安机关审批	跨设区的市级行政区域（直辖市为跨市界）或者在国务院公安部门确定的禁毒形势严峻的重点地区跨县级行政区域运输第一类易制毒化学品
7			第二十条	运出地县级人民政府公安机关审批	第二类易制毒化学品
8	易制毒化学品运输备案证明		第二十条	运出地县级人民政府公安机关备案	第三类易制毒化学品
（五）使用单位					
1	危险化学品使用许可证	《危险化学品安全管理条例》（国务院令第591号）	第二十九条、第三十一条	设区的市级人民政府应急管理部门	使用危险化学品从事生产并且使用量达到规定数量的化工企业
2	剧毒化学品购买凭证	《剧毒化学品购买和公路运输许可证件管理办法》（公安部令第77号）	第三条、第五条	设区的市级人民政府公安机关治安管理部门批准	经常购买、使用剧毒化学品的
3	剧毒化学品准购证		第三条、第六条	设区的市级人民政府公安机关治安管理部门批准	临时需要购买、使用剧毒化学品的
4	易制毒化学品购买许可证	《易制毒化学品管理条例》（国务院令第445号，国务院令第703号最新修改）	第十五条	所在地的省、自治区、直辖市人民政府卫生健康管理部门审批	第一类中的药品类易制毒化学品
				所在地的省、自治区、直辖市人民政府公安机关审批	第一类中的非药品类易制毒化学品
5	易制毒化学品购买备案证明		第十七条	所在地县级人民政府公安机关备案	第二类易制毒化学品

9. 国家电网有限公司剧毒、易制毒及易制爆化学品安全管理工作规范（试行）

序号	资质证照名称	法律、法规依据	对应条款	审批、报备部门	备注
6	易制爆危险化学品购买合法用途说明	《易制爆危险化学品治安管理办法》（公安部令第154号）	第十一条	企业自证	
（六）进、出口管理					
1	易制毒化学品进口或者出口许可证	《易制毒化学品管理条例》（国务院令第445号、国务院令第703号最新修改）	第二十六条	国务院商务主管部门或者其委托的省、自治区、直辖市人民政府商务主管部门	
2	进口药品通关单		第三十条	药品监督管理部门出具	第一类中的药品类易制毒化学品
3	合法使用易制毒化学品证明		第二十六条	进口方政府主管部门出具或进口方自证	或保证文件
二、从业人员资质证照					
（一）使用单位					
1	治安保卫人员	《易制爆危险化学品治安管理办法》（公安部令第154号）	第二十五条	治安保卫人员应当符合国家有关标准和规范要求，经培训后上岗	生产、经营、储存、使用、运输及处置易制爆危险化学品的单位
2	注册安全工程师	《中华人民共和国安全生产法》（国家主席令第十三号）	第二十四条	参加国务院人力资源部、应急管理局组织的注册安全工程师统一考试合格，并注册取得执业资格	危险物品的生产、经营、储存单位
3	特种作业操作证	《危险化学品使用许可证实施办法》（安监总局令第57号）	第九条	委托具备安全培训条件的机构对进行专门的安全技术培训并考核合格	
4	其他从业人员	生产经营单位安全培训（安监总局令第3号）	第十一条、第二十条	单位自主培训或委托具备安全培训条件的机构对从业人员进行安全培训考核合格	剧毒、易制毒及易制爆化学品库房管理、领用、岗位操作人员
（二）运输单位					
1	机动车驾驶证	《道路危险货物运输管理条例》（交通运输部令2016年第36号）	第八条第（三）款第1小条	经所在地县级人民政府公安机关交通管理部门考试合格	车辆驾驶人员
2	驾驶人员、装卸管理人员、押运人员从业资格证	《道路危险货物运输管理条例》（交通运输部令2016年第36号）	第八条第（三）款第2小条	经所在地设区的市级人民政府交通运输主管部门考试合格	从事剧毒化学品、爆炸物品道路运输的驾驶人员、装卸管理人员、押运人员，应当经考试合格，取得注明"剧毒化学品运输"或"爆炸品运输"类别的从业资格证

注　表中所列资质条件为本规范实施日之前国家法律、法规或行业规范对剧毒、易制毒及易制爆化学品生产、储存、经营、运输、使用企业的资质要求。其中，单位资质证照要求考虑方便公司及下属单位供应商资格审核所需，列示相对较全；从业人员资质要求因公司及下属单位仅涉及剧毒、易制毒及易制爆化学品使用（包括使用过程中的少量储存）环节，故只列示了对使用、运输单位从业人员的岗位资质要求。

附件 2

剧毒、易制毒和易制爆化学品
使用单位从业人员劳动防护用品配置标准

1. 范围

本标准规定了公司剧毒、易制毒及易制爆化学品从业人员劳动防护用品配置、使用、更换等具体要求，适用于公司所属单位中涉及剧毒、易制毒及易制爆化学品使用的全资、控股、代管单位。

本标准为《国家电网有限公司劳动防护用品配置规定》（Q/GDW 11593）的延伸和补充，未尽或冲突之处，以本文件为准。

2. 概述

在对公司所属单位剧毒、易制毒及易制爆化学品使用情况进行广泛调研的基础上，依据《危险化学品目录》《易制毒化学品的分类和品种目录》和《易制爆危险化学品名录》等标准、规范，认真参阅了相关化学品物理、化学危险特性和潜在健康危害及其健康防护建议，综合考虑了剧毒、易制毒及易制爆化学品治安防范管理要求，拟定公司剧毒、易制毒及易制爆化学品从业人员劳动防护用品（含治安防范器具）配备标准如下：

剧毒、易制毒和易制爆化学品使用单位从业人员劳动防护用品配置标准

序号	工种/岗位	头部防护 安全帽（顶）	呼吸器官防护 防护半面罩（个）	呼吸器官防护 滤盒（个）	眼、面部器官防护 护目镜（个）	眼、面部器官防护 面部防护（个）	听觉器官防护 防噪声耳塞/罩（付）	手部防护 防护手套（双）	足部防护 工作鞋（双）	足部防护 胶鞋（靴）（双）	躯干防护 工作服（套）	躯干防护 围裙（件）	护肤用品 洁肤品（个）	护肤用品 润肤品（个）	其他防护用品 洗衣粉（液）（个）	其他防护用品 毛巾（个）	其他防护用品 治安防范用具（套）
1	剧毒化学品领用人员	1/30 备	防毒 1/3	防毒 2/1	1/12	1/12 备	—	耐酸碱 1/1	防砸 1/12	耐酸碱 1/12	耐酸碱 1/12	—	1/3	1/3	1/3	1/3	—
2	易制毒化学品领用人员 丙酮	1/30 备	防毒 1/3	防毒 2/1	1/12 备	—	—	耐油 1/1	防砸 1/12	—	防静电 1/12	—		1/3		1/3	—
3	高锰酸钾	1/30 备	防尘 1/3	防尘 2/1	1/12 备	—	—	耐酸碱 1/1	防砸 1/12	耐酸碱 1/12	耐酸碱 1/12	—	1/6	1/6	1/6	1/6	—
4	硫酸、盐酸	1/30 备	防毒 1/3	防毒 2/1	1/12	1/12 备	—	耐酸碱 1/1	防砸 1/12	耐酸碱 1/12	耐酸碱 1/6	耐酸碱 1/12	1/3	1/3	1/3	1/3	—
5	易制爆危险化学品领用人员 硝酸、发烟硝酸	1/30 备	防毒 1/3	防毒 2/1	1/12	1/12 备	—	耐酸碱 1/1	防砸 1/12	耐酸碱 1/12	耐酸碱 1/6	耐酸碱 1/12	1/3	1/3	1/3	1/3	—
6	硝酸钠、硝酸钾	1/30 备	防尘 1/3	防尘 2/1	1/12	—	—	耐酸碱 1/1	防砸 1/12	—	耐酸碱 1/6	—	1/6	1/6	1/6	1/6	—
7	重铬酸钾	1/30 备	防尘 1/3	防尘 2/1	1/12	—	—	耐酸碱 1/1	防砸 1/12	耐酸碱 1/12	耐酸碱 1/6	耐酸碱 1/12	1/6	1/6	1/6	1/6	—
8	过氧化氢溶液（含量>8%）	1/30 备	防毒 1/3	防毒 2/1	1/12	1/12 备	—	耐酸碱 1/1	防砸 1/12	耐酸碱 1/12	耐酸碱 1/6	耐酸碱 1/12	1/3	1/3	1/3	1/3	—
9	镁铝粉、锌粉	1/30 备	防尘 1/3	防尘 2/1	1/12	—	2/1	皮革 2/1	防砸 1/12	—	防静电 1/12	—	1/6	1/6	1/6	1/6	—

续表

序号	工种/岗位	头部防护	呼吸器官防护		眼面部器官防护		听觉器官防护	手部防护	足部防护		躯干防护		护肤用品		其他防护用品		治安防范护具
		安全帽	防护半面罩	滤盒	护目镜	面部防护	防噪声耳塞/罩	防护手套	工作鞋	胶鞋（靴）	工作服	围裙	洁肤品	润肤品	洗衣粉（液）	毛巾	
		顶	个	个	个	个	付	双	双	双	套	件	个	个	个	个	套
10	单位主要负责人	1/30	—	—	—	—	—	—	防砸 1/12	—	—	—	—	—	1/6	1/6	—
11	安全管理人员	1/30	—	—	—	—	—	—	防砸 1/12	—	—	—	—	—	1/6	1/6	—
12	库房保管人员	1/30 备	1/12 备	1/12 备	1/12 备	1/12 备	—	—	防砸 1/12	1/36 备	—	—	1/6	1/6	1/6	1/6	—
13	治安保卫人员	头盔 30/1	—	—	—	—	—	—	1/12	—	—	—	—	—	1/6	1/6	1/12
14	特种作业人员	1/30	—	—	—	—	—	皮革 2/1	防砸 1/12	—	—	—	1/6	1/6	1/6	1/6	—

注　治安防范护具为治安保卫人员为了应对、处置突发治安案件而配置的橡胶胶棍、催泪喷射器、强光手电、防割手套、防刺背心、防爆钢叉、防爆盾牌、对讲机等护具。

参 考 依 据

1.《中华人民共和国反恐怖主义法》（国家主席令第 36 号）

2.《固体废物污染环境防治法》（国家主席令第 58 号）

3.《危险化学品安全管理条例》（国务院令第 344 号）

4.《易制毒化学品管理条例》（国务院令第 445 号）

5.《易制爆化学品治安管理办法》（公安部令第 154 号）

6.《剧毒化学品购买和公路运输许可证件管理办法》（公安部令第 77 号）

7.《常用化学危险品贮存通则》（GB 15603—1995）

8.《工业总平面设计规范》（GB 50187—2012）

9.《建筑设计防火规范》（GB 50016—2014）

10.《建筑灭火器配置设计规范》（GB 50140—2005）

11.《建筑物防雷设计规范》（GB 50057—2010）

12.《危险货物运输包装通用技术条件》（GB 12463—2009）

13.《化学品分类和危险性公示通则》（GB 13690—2009）

14.《安全标志及其使用导则》（GB 2894—2018）

15.《消防安全标志　第 1 部分：标志》（GB 13495.1—2015）

16.《工作场所职业病危害警示标识》（GBZ 158—2003）

17.《工业金属管道设计规范》（GB 50316—2000）

18.《工业金属管道施工规范》（GB 50235—2010）

19.《危险化学品单位应急救援物资配备要求》（GB 30077—2013）

20.《工业企业设计卫生标准》（GBZ 1—2000）

21.《剧毒化学品、放射源存放场所治安要求》（GA 1002—2012）

22.《易制爆化学品储存场所治安要求》（GA 1511—2018）

23. 国家危险废物名录

24. 易制爆化学品名录

10. 国家电网有限公司酸碱类危险化学品安全管理工作规范（试行）

国家电网有限公司
酸碱类危险化学品安全管理工作规范
（试行）

第一章 总 则

第一条 为了规范国家电网有限公司（以下简称公司）酸碱类危险化学品安全管控，有效防范危险化学品安全事故（件）的发生，依据《危险化学品安全管理条例》等国家有关法律法规、标准，结合公司实际，制定本规范。

第二条 本规范所称酸碱类危险化学品是酸类危险化学品和碱类危险化学品的统称。

酸类危险化学品：指其水溶液为酸性（pH<7）的危险化学品。

碱类危险化学品：指其水溶液为碱性（pH>7）的危险化学品。

第三条 酸碱类危险化学品安全管理坚持"安全第一、预防为主、综合治理""谁主管谁负责、谁使用谁负责""管生产必须管安全、管业务必须管安全"的原则。公司各级单位应依据国家有关法律、法规、标准履行管理职责。

第四条 本规范主要规定了酸碱类危险化学品使用单位采购、运输、使用、储存、废弃全过程安全管理要求，易制毒、易制爆酸碱类危险化学品执行《国家电网有限公司剧毒、易制毒及易制爆危险化学品安全管理工作规范》，实验室酸碱试剂类危险化学品执行《国家电网有限公司实验室试剂类危险化学品安全管理工作规范》。

第五条 公司鼓励酸碱类危险化学品安全管理手段创新，鼓励通过采取新技术、新材料、新工艺等手段，消除、减少、控制危险化学品风险。

第六条 本规范适用于公司各级单位（含直属、全资、控股、代管、管理的单位）酸碱类化学品的安全管理。

第二章　职　责　分　工

第七条　安全监督管理部门职责。

（一）贯彻落实国家、行业、地方及上级单位酸碱类危险化学品安全管理相关法律、法规、标准。

（二）维护酸碱类危险化学品安全管理信息系统。

（三）监督酸碱类危险化学品采购、运输、使用、储存和废弃等环节安全管理工作。

（四）组织编制酸碱类危险化学品安全操作规程。

（五）组织酸碱类危险化学品安全监督检查和考核工作。

（六）组织编制酸碱类危险化学品相关应急预案及现场处置方案。

（七）将酸碱类危险化学品安全管理纳入安全管理例行工作，组织开展风险分析、隐患排查治理、反违章等活动。

（八）组织开展酸碱类危险化学品事故调查处理。

（九）组织编制酸碱类危险化学品安全教育培训大纲及教材，开展培训工作。

（十）督促员工执行酸碱类危险化学品安全操作规程、正确使用和佩戴劳动防护用具。

第八条　物资管理部门职责。

（一）审核酸碱类危险化学品采购需求和安全保障物资计划。

（二）负责本单位酸碱类危险化学品供应商管理。

（三）组织本单位酸碱类危险化学品采购管理过程安全风险辨识、评估和风险控制措施的落实。

（四）组织酸碱类危险化学品库管人员安全培训、应急演练工作。

（五）负责指导专业管理（需求）部门做好酸碱类危险化学品储存及出入库登记管理。

（六）组织本单位酸碱类危险化学品采购管理过程隐患排查治理，并组织或督促相关问题的整改。

第九条　使用部门职责。

（一）组织技术攻关，消除、减少、控制生产作业场所酸碱类危险化学品产生的危害。

（二）参与酸碱类危险化学品应急处置、事故调查处理。

（三）组织开展酸碱类危险化学品风险辨识、评价工作。

（四）组织酸碱类危险化学品领用人员、使用人员安全培训，开展应急培训及演练工作。

（五）及时维护危险化学品安全管理信息系统，完善相关档案、记录。

第十条　环保管理部门职责。

（一）贯彻落实国家、行业、地方及上级单位酸碱类危险化学品环境保护相关法律、法规、标准。

（二）组织酸碱类危险化学品环境保护监督检查和考核工作。

（三）组织开展酸碱类危险化学品环境风险辨识、评价工作。

（四）负责管理酸碱类危险化学品回收、处置工作。

（五）负责酸碱类危险化学品废弃单位资质审查，选择符合法规要求的单位。

（六）及时维护危险化学品安全管理信息系统，完善相关档案、记录。

第十一条　人力资源管理部门职责。

（一）将酸碱类危险化学品特种作业人员资质办理及继续教育工作纳入教育培训计划，并组织落实。

（二）将酸碱类危险化学品相关人员岗位资格培训纳入教育培训计划，并组织落实。

（三）负责酸碱类危险化学品内外部专家队伍建设及专、兼职培训教师培养。

第十二条　治安保卫管理部门职责。

（一）编制酸碱类危险化学品治安保卫管理相关规定。

（二）负责酸碱类危险化学品储存场所治安保卫工作。

（三）负责组织酸碱类危险化学品丢失事件调查处理。

第三章　安　全　管　理

第一节　一　般　规　定

第十三条　公司各级单位在与酸碱类危险化学品经营、运输、废弃处置等相关单位合作时，应确保其资质条件符合要求，签订安全管理协议，并明确各自的安全职责。

第十四条　公司各级单位使用国家重点监管的氢氟酸、苯胺、二甲胺和过氧乙酸等以及国家特别管控（不适用特别管控目录及特别管控措施的除外）的酸碱类危险化学品时，应逐一制定安全管控方案。发现问题隐患，应认真研究提出处理意见，并及时报告上级业务管理部门。

第十五条 公司各级单位使用附件1"公司现有酸碱类危险化学品"以外的品种，应向上级单位业务管理部门及安全监督部门报备，经上级单位组织专家开展风险分析论证后方可实施。

第十六条 公司各级单位酸碱类危险化学品储存条件或工艺流程发生变化时，应及时开展安全条件论证，经评审符合安全要求后方可实施。

第十七条 公司各级单位应对使用的酸碱类危险化学品开展重大危险源辨识，对于存在重大危险源的应根据国家有关要求报备，定期开展重大危险源安全评价并建立健全安全监测监控体系，完善控制措施。

第二节 采 购 与 验 收

第十八条 酸碱类危险化学品采购，应由使用部门根据生产和使用需求提出申请，经本单位分管领导审批，物资部门根据申请执行采购程序。

第十九条 物资部门调查、收集、核实供应单位资质、供应货物信息等资料后完善相关台账、记录。

第二十条 酸碱类危险化学品供应方应提供安全技术说明书，并在包装（包括外包装件）上粘贴或者拴挂与包装内物品相符的安全标签。化学品安全技术说明书和化学品安全标签所载明的内容应当符合国家标准的要求。

第二十一条 酸碱类化学品验收应由使用部门组织安全监督部门、物资部门及相关部门人员参加。

验收内容包括：危险化学品生产、经营、运输单位资质；危险化学品名称、规格、浓度、数量等；化学品安全技术说明书和化学品安全标签对应情况；危险化学品储存容器、运输工具等合法合规性。验收合格后，各方在验收单上签字，不符合验收标准的不予验收。

第三节 运 输 与 装 卸

第二十二条 公司各级单位应对进入厂区的酸碱类危险化学品运输车辆进行检查，检查内容包括：

（一）是否具有有效行驶证和营运证。

（二）驾驶人、押运人员是否具有有效资质证件。

（三）运输车辆、罐式车辆罐体、可移动罐柜、罐箱是否在检验合格有效期内。

（四）所充装的酸碱类危险化学品是否在罐式车辆罐体的适装介质列表范围内，或者满足可移动罐柜导则、罐箱适用代码的要求。

（五）运输的酸碱类危险化学品名称、数量等信息是否与采购信息一致。

（六）酸碱类危险化学品的包装容器是否损坏或者泄漏，罐式车辆罐体、可移动罐柜、罐箱的关闭装置是否处于关闭状态。

第二十三条 进入厂区的酸碱类危险化学品运输车辆应按照《道路运输危险货物车辆标志》要求安装、悬挂标志，如不符合以上规定，应禁止车辆进入厂区，运输货物不予验收。

第二十四条 公司各级单位及相关方的酸碱类危险化学品装卸人员应熟知危险化学品特性和安全防护知识，严格遵守运输及装卸安全操作规程。

第二十五条 装卸、搬运酸碱类危险化学品时应做到轻装、轻卸。严禁摔、碰、撞、击、拖拉、倾倒和滚动。装卸对人身有毒害及腐蚀性的物品时，操作人员应根据危险性，佩戴相应的防护用品。

第二十六条 酸碱类危险化学品运输车辆在厂内行驶及卸车作业应满足以下要求：

（一）随车人员应当根据其危险特性采取相应的安全防护措施，并在车上配备必要的防护用品和应急救援器材。

（二）装卸、运输作业应根据其特点和环境条件，执行专门的装卸、运输作业安全规程。

（三）应根据工艺流程、运输量和性质选择合理的卸车方式。

（四）卸车时，应采用不受侵蚀的管道输送，输送管线、设备和工具应定期维护、保养和检修。

（五）运输车辆在厂内应符合限速规定，不得逆向行车；驾驶员离开车时，应拉紧手刹、切断电路、熄火锁车，停到指定位置。

第四节 储存与出入库

第二十七条 公司各级单位应建立酸碱类危险化学品出入库核查、登记制度。

（一）酸碱类危险化学品入库前，应对包装、标识等信息进行检验；对分类和标签信息、物理和化学性质、主要用途、危险特性等信息予以登记，保证入库危险化学品名称、型号、数量无差错。

（二）酸碱类危险化学品入库后，应采取适当的养护措施。在储存期内要定期检查并做好记录，发现其品质变化、包装破损、渗漏等，应及时处理。

第二十八条 酸碱类危险化学品应储存在专用仓库、专用场地或者专用储存室内，酸碱类危险化学品应隔离存放，储存地点应符合国家标准对安全、消防的要求，设置明显的安全标志，配置相应的应急物资，并由专人负责管理。

第二十九条 公司各级单位应根据酸碱类危险化学品的种类和危险特性，在储存场所设置相应的监测、监控、通风、防晒、防雷、防腐、防泄漏、调温、防火、中和、防爆、防毒、防潮以及防护围堤或者隔离操作等安全设施、设备，并及时维护、保养，确保安全设施、设备的正常使用。见附件2"酸碱类危险化学品安全技术条件和监测监控要求"。

第三十条 储存酸碱类危险化学品的单位，应当如实记录危险化学品的数量、流向，并采取必要的安全防范措施防止危险化学品丢失或者被盗。发现危险化学品丢失或者被盗的，应当立即向物资部门、安全监督部门和保卫部门汇报，必要时向地方公安机关报案。

第三十一条 酸碱类危险化学品仓库应当安排专人管理，管理人员应熟悉有关化学品的危险（危害）特性、预防控制措施和应急处置措施，经相关知识培训，考核合格后方可上岗。

第三十二条 存储易制毒、易制爆危险化学品的库房应设置双锁、并对易制毒易制爆危险化学品实行双人收发。

第三十三条 领用酸碱类危险化学品应当填报领用审批单，并经单位负责人审批。领用易制毒、易制爆危险化学品的，须在领用审批单上详细载明用途。

第五节 使用与操作

第三十四条 酸碱类危险化学品使用单位应当具备下列条件：

（一）使用条件（包括工艺）应当符合国家和地方相关法律、法规、标准。

（二）应根据所使用的酸碱类危险化学品的种类、危险特性以及使用量和使用方式，制定安全操作规程。

（三）酸碱类危险化学品使用、操作人员应当接受专业培训，考核合格后上岗作业，特种作业人员应持证上岗。

（四）应制定符合国家规定的酸碱类危险化学品应急预案和现场处置方案，

配备必要的应急救援器材、设备。

第三十五条　公司各级单位在使用酸碱类危险化学品时应通过下列方法，消除、减少、控制工作场所危险化学品产生的危害：

（一）选用中性或弱酸碱性的化学品替代品。

（二）选用可将危害消除或减少到最低程度的技术。

（三）采用能消除或降低危害的工程控制措施（如隔离、密闭等）。

（四）采用能消除、减少危害的作业制度和作业时间。

（五）采取其他的劳动安全卫生措施。

第三十六条　使用酸碱类危险化学品的作业场所应符合以下规定：

（一）应配备急救箱和个人防护用品，并应安装紧急喷淋装置及洗眼器，其有效服务半径不大于15m。

（二）应当按照《安全标志及其使用导则》（GB 2894）、《工作场所职业病危害警示标识》（GBZ 158）等规范、标准要求，设置明显且规范的警示标识。

（三）应当在醒目位置公示与使用物质相适应的化学品安全技术说明书、岗位风险告知卡、和安全操作规程。

（四）应设置防止物料外泄或喷溅设施。

（五）地面、墙壁、设施基础等应进行防腐处理。

（六）应保持畅通，避免交叉作业。如交叉作业不可避免，应在作业点采取避免化学灼伤危险的防护措施。

（七）地方法规及地方标准规定的其他要求。

第三十七条　酸碱类危险化学品应按照使用计划随用随领并做好登记，不得在专用库房以外的地方存放。

第三十八条　酸碱类危险化学品在使用过程中如遇特殊情况，需要转移或分装到其他容器时，容器在使用前必须进行检查，并在容器上张贴安全标签，容器在未净化处理前，不得更换原有安全标签。

第三十九条　酸碱类危险化学品使用人员，应根据接触的危险化学品种类配备相应的劳动防护用品。

第六节　废　弃　与　处　置

第四十条　酸碱类危险化学品超过有效期或失效的，按照危险废物进行管理，应存放在专用的储存设施内，储存设施应满足《危险废物贮存污染控制标准》（GB 18597）要求。

第四十一条 废弃酸碱类危险化学品在储存过程中应做好记录，注明废弃物名称、来源、数量、特性和包装容器类别、入库日期、存放库位、出库日期、接收单位等内容，并定期检查包装和储存设施。

第四十二条 处置废弃酸碱类危险化学品，应由使用部门提出申请，环保部门选择具备相应资质的单位，经本单位相关负责人审核批准后执行。

第四十三条 处置废弃酸碱类危险化学品，应依照《固体废物污染环境防治法》有关规定，向当地县级以上环保主管部门申报废弃物产生量、流向、储存、处置等有关资料。

第四十四条 收集、储存、运输、处置酸碱类危险化学品的场所、设施、设备和容器、包装物及其他物品转作他用时，必须消除污染后方可使用。

第四章　应　急　与　救　援

第四十五条 公司各级单位应按照《国家电网有限公司应急工作管理规定》相关要求，建立健全本单位酸碱类危险化学品应急管理体系。

第四十六条 公司各级单位应完善酸碱类危险化学品事故应急预案，配备充足的应急救援装备、物资，建立专、兼职应急救援队伍。

第四十七条 公司各级单位应定期开展应急培训、演练，提高员工应急意识和预防、避险、自救、互救能力。

第四十八条 发生酸碱类危险化学品突发事件时，要加强舆情监测与应对，及时通过权威媒体发布相关信息，正面引导舆论。

第五章　检　查　与　考　核

第四十九条 省公司级单位应每年组织一次酸碱类危险化学品专项督查；地市公司级单位应每半年组织一次酸碱类危险化学品专项督查；县公司级单位应每季度对酸碱类危险化学品使用和管理情况进行检查。

第五十条 储存酸碱类危险化学品的班组应每月开展全面检查，做好检查记录。发现过期或变质的危险化学品应立即隔离存放，做出禁用标志，并尽快由有资质的单位进行报废。发现隐患及违章应立即组织整改，不具备整改条件的应落实临时防范措施。

第五十一条 对日常工作中发现酸碱类危险化学品重大问题隐患而避免了

人身和设备事故，或通过创新工艺，采取新技术和新材料，消除、减少酸碱类危险化学品使用风险的单位、个人，应给予表彰。

第五十二条 因酸碱类危险化学品安全管理不到位导致事故或事件的，应按照《国家电网有限公司安全事故调查规程》进行调查，对责任单位、责任人按规定处理。

第六章 附 则

第五十三条 本规范由国家电网有限公司安全生产委员会办公室负责解释并监督执行。文中引用的文件，其最新版本（包括所有的修改单）适用于本规范。

第五十四条 本规范自发布之日实施。

附件 1

公司现有酸碱类危险化学品

一、酸类的危险化学品 20 种

氨基磺酸（25）；酸性电池液（214）；二氯醋酸（553）；发烟硫酸（723）；发烟硝酸（724）；高氯酸（798）；过氧乙酸（926）；甲酸（1175）；硫酸（1302）；马来酸酐（1565）；硼酸（1609）；氢氟酸（1650）；三氯乙酸（1862）；苦味酸（1872）；铬（酸）酐（1913）；硝酸（2285）；盐酸（2507）；乙酸（2630）；乙酸酐（2634）；磷酸（2790）。

二、碱类的危险化学品 10 种

氨水（35）；苯胺（51）；次氯酸钠（166）；二甲胺（354）；二乙醇胺（566）；二乙胺（650）；二异丙胺（706）；氢氧化钾（1667）；液碱（1669）；氢氧化钠（1669）。

三、重点监管的危险化学品

氢氟酸、苯胺、二甲胺和过氧乙酸。

四、易制毒化学品

盐酸、硫酸、发烟硫酸和乙酸酐。

五、易制爆化学品

硝酸、发烟硝酸、高氯酸和过氧乙酸。

附件 2

酸碱类危险化学品安全技术条件和监测监控要求

1. 氨基磺酸（25）

储存	保持容器密闭。储存在干燥、阴凉和通风处。远离热源、火花、明火和热表面。存储于远离不相容材料和食品容器的地方
使用	在通风良好处进行操作。穿戴合适的个人防护用具。避免接触皮肤和进入眼睛。远离热源、火花、明火和热表面。采取措施防止静电积累。保持充分的通风，尤其是在封闭区域内。确保在工作场所附近有洗眼和淋浴设施。使用防爆电器、通风、照明等设备。设置应急撤离通道和必要的泄险区
劳动防护	呼吸防护：操作人员佩戴自吸过滤式防毒面具（全面罩）。 眼睛防护：戴化学安全防护眼镜。 身体防护：穿橡胶耐酸碱服、穿防静电工作服。 手防护：戴橡胶耐油手套
运输	运输时运输车辆应配备相应品种和数量的消防器材及泄漏应急处理设备。运输前应先检查包装容器是否完整、密封。运输工具上应根据相关运输要求张贴危险标志、公告
废弃	不洁的包装：包装物清空后仍可能存在残留物危害，应远离热和火源，如有可能返还给供应商循环使用
监测监控和防护设施配置	在工作场所附近有洗眼和淋浴设施
标志标识	

2. 氨水（35）

储存	保持容器密闭。储存在干燥、阴凉和通风处。远离热源、火花、明火和热表面。存储于远离不相容材料和食品容器的地方
使用	保持充分的通风，尤其是在封闭区域内。确保在工作场所附近有洗眼和淋浴设施。使用防爆电器、通风、照明等设备。设置应急撤离通道和必要的泄险区
劳动防护	呼吸防护：操作人员佩戴自吸过滤式防毒面具（全面罩）。 眼睛防护：戴化学安全防护眼镜。 身体防护：穿橡胶耐酸碱服、穿防静电工作服。 手防护：戴橡胶耐油手套
运输	运输时运输车辆应配备相应品种和数量的消防器材及泄漏应急处理设备。运输前应先检查包装容器是否完整、密封。运输工具上应根据相关运输要求张贴危险标志、公告
废弃	不洁的包装：包装物清空后仍可能存在残留物危害，应远离热和火源，如有可能返还给供应商循环使用
监测监控和防护设施配置	在工作场所附近有洗眼和淋浴设施
标志标识	

3. 苯胺（51）

储存	储存于阴凉、通风的库房。远离火种、热源。库温不超过30℃，相对湿度不超过80%。避光保存。包装要求密封，不可与空气接触。应与氧化剂、酸类、食用化学品分开存放，切忌混储。配备相应品种和数量的消防器材。储存区应备有泄漏应急处理设备和合适的收容材料
使用	密闭操作，提供充分的局部排风。操作尽可能机械化、自动化。操作人员必须经过专门培训，严格遵守操作规程。远离火种、热源，工作场所严禁吸烟。使用防爆型的通风系统和设备。防止蒸汽泄漏到工作场所空气中。避免与氧化剂、酸类接触。搬运时要轻装轻卸，防止包装及容器损坏。配备相应品种和数量的消防器材及泄漏应急处理设备。倒空的容器可能残留有害物
劳动防护	呼吸防护：操作人员佩戴自吸过滤式防毒面具（全面罩）。 眼睛防护：戴化学安全防护眼镜。 身体防护：穿橡胶耐酸碱服
运输	严禁与酸类、碱类、氧化剂、食品及食品添加剂混运。运输途中应防曝晒、雨淋，防高温。运输时运输车辆应配备相应品种和数量的消防器材及泄漏应急处理设备。运输前应先检查包装容器是否完整、密封。运输工具上应根据相关运输要求张贴危险标志、公告
废弃	包装物清空后仍可能存在残留物危害，应远离热和火源，如有可能返还给供应商循环使用
监测监控和防护设施配置	在工作场所附近有洗眼和淋浴设施。使用防爆电器。应设监控报警装置
标志标识	

4. 次氯酸钠（166）

储存	储存于阴凉、干燥、通风良好的库房。远离火种、热源。防止阳光直射。库温不宜超过30℃。应与还原剂、易燃或可燃物、酸类等分开存放。不可混储混运
使用	生产过程密闭，全面通风。搬运时要轻装轻卸，防止包装及容器损坏。分装和搬运作业要注意个人防护
劳动防护	呼吸系统防护：高浓度环境中，应该佩戴直接式防毒面具（半面罩）。 眼睛防护：戴化学安全防护眼镜。 身体防护：穿防腐工作服。 手防护：戴橡胶手套
运输	起运时包装要完整，装载应稳妥。运输过程中要确保容器不泄漏、不倒塌、不坠落、不损坏。严禁与酸类、食用化学品等混装混运。运输时运输车辆应配备泄漏应急处理设备。运输途中应防曝晒、雨淋，防高温。公路运输时要按规定路线行驶，勿在居民区和人口稠密区停留
废弃	废弃物性质：危险废物。 废弃处置方法：处置前应参阅国家和地方有关法规。用安全掩埋法处置。 操作者应穿戴相应的防护用品
监测监控和防护设施配置	无监测监控要求。 现场提供安全淋浴和洗眼设备
警告标识	

5. 酸性电池液（214）

储存	储存于阴凉、通风的库房。库温不超过 25℃，相对湿度不超过 75%。保持容器密封。应与易（可）燃物、碱类、活性金属粉末、还原剂等分开存放，切忌混储。储存区应备有泄漏应急处理设备和合适的收容材料
使用	密闭操作，注意通风。操作尽可能机械化、自动化。操作人员必须经过专门培训，严格遵守操作规程。远离易燃、可燃物。防止蒸汽泄漏到工作场所空气中。避免与碱类、活性金属粉末、还原剂接触。搬运时要轻装轻卸，防止包装及容器损坏。配备泄漏应急处理设备。倒空的容器可能残留有害物
劳动防护	呼吸防护：操作人员佩戴自吸过滤式防毒面具（全面罩）。 眼睛防护：戴化学安全防护眼镜。 身体防护：穿橡胶耐酸碱服。 手防护：戴橡胶耐油手套
运输	起运时包装要完整，装载应稳妥。运输过程中要确保容器不泄漏、不倒塌、不坠落、不损坏。严禁与易燃物或可燃物、碱类、活性金属粉末、还原剂、食用化学品等混装混运。运输时运输车辆应配备泄漏应急处理设备。运输途中应防曝晒、雨淋，防高温。公路运输时要按规定路线行驶，勿在居民区和人口稠密区停留
废弃	不洁的包装：包装物清空后仍可能存在残留物危害，应远离热和火源，如有可能返还给供应商循环使用
监测监控和防护设施配置	现场提供安全淋浴和洗眼设备
标志标识	

6. 二甲胺（354）

储存	保持容器密闭。储存在干燥、阴凉和通风处。远离热源、火花、明火和热表面。存储于远离不相容材料和食品容器的地方
使用	只能使用不产生火花的工具。为防止静电释放引起的蒸汽着火，设备上所有金属部件都要接地。使用防爆设备。在通风良好处进行操作。穿戴合适的个人防护用具。避免接触皮肤和进入眼睛。远离热源、火花、明火和热表面。采取措施防止静电积累
劳动防护	呼吸防护：操作人员佩戴自吸过滤式防毒面具（全面罩）。 眼睛防护：戴化学安全防护眼镜。 身体防护：穿橡胶耐酸碱服、穿防静电工作服。 手防护：戴橡胶耐油手套
运输	装运该物品的车辆排气管必须配备阻火装置，禁止使用易产生火花的机械设备和工具装卸。运输途中应防曝晒、雨淋，防高温。运输时所用的槽（罐）车应有接地链，槽内可设孔隔板以减少震荡产生静电。严禁与氧化剂、酸类、食品及食品添加剂等混装混运。运输时运输车辆应配备相应品种和数量的消防器材及泄漏应急处理设备。运输前应先检查包装容器是否完整、密封。运输工具上应根据相关运输要求张贴危险标志、公告
废弃	不洁的包装：包装物清空后仍可能存在残留物危害，应远离热和火源，如有可能返还给供应商循环使用
监测监控和防护设施配置	确保在工作场所附近有洗眼和淋浴设施。使用防爆电器、通风、设置可燃气体报警装置
标志标识	

7. 二氯醋酸（553）

储存	保持容器密闭。储存在干燥、阴凉和通风处。远离热源、火花、明火和热表面。存储于远离不相容材料和食品容器的地方
使用	在通风良好处进行操作。穿戴合适的个人防护用具。避免接触皮肤和进入眼睛。远离热源、火花、明火和热表面。采取措施防止静电积累
劳动防护	呼吸防护：操作人员佩戴自吸过滤式防毒面具（全面罩）。 眼睛防护：戴化学安全防护眼镜。 身体防护：穿橡胶耐酸碱服、穿防静电工作服。 手防护：戴橡胶耐油手套
运输	运输时运输车辆应配备相应品种和数量的消防器材及泄漏应急处理设备。运输前应先检查包装容器是否完整、密封。运输工具上应根据相关运输要求张贴危险标志、公告
废弃	不洁的包装：包装物清空后仍可能存在残留物危害，应远离热和火源，如有可能返还给供应商循环使用
监测监控和防护设施配置	在工作场所附近有洗眼和淋浴设施。使用防爆电器
标志标识	

8. 二乙醇胺（566）

储存	储存于阴凉、通风的库房。远离火种、热源。包装密封。应与氧化剂、酸类等分开存放，切忌混储。配备相应品种和数量的消防器材。储存区应备有泄漏应急处理设备和合适的收容材料。保持容器密闭。储存在干燥、阴凉和通风处。远离热源、火花、明火和热表面。存储于远离不相容材料和食品容器的地方
使用	在通风良好处进行操作。穿戴合适的个人防护用具。避免接触皮肤和进入眼睛。远离热源、火花、明火和热表面。采取措施防止静电积累
劳动防护	呼吸防护：操作人员佩戴自吸过滤式防毒面具（全面罩）。 眼睛防护：戴化学安全防护眼镜。 身体防护：穿橡胶耐酸碱服、穿防静电工作服。 手防护：戴橡胶耐油手套
运输	运输时运输车辆应配备相应品种和数量的消防器材及泄漏应急处理设备。运输前应先检查包装容器是否完整、密封。运输工具上应根据相关运输要求张贴危险标志、公告
废弃	不洁的包装：包装物清空后仍可能存在残留物危害，应远离热和火源，如有可能返还给供应商循环使用
监测监控和防护设施配置	确保在工作场所附近有洗眼和淋浴设施
标志标识	

9. 二乙胺（650）

储存	储存于阴凉、通风的库房。远离火种、热源。库温不宜超过 30℃。保持容器密封。应与氧化剂、酸类等分开存放，切忌混储。采用防爆型照明、通风设施。禁止使用易产生火花的机械设备和工具。储存区应备有泄漏应急处理设备和合适的收容材料
使用	生产过程密闭，加强通风。提供安全淋浴和洗眼设备
劳动防护	呼吸防护：操作人员佩戴自吸过滤式防毒面具（全面罩）。 眼睛防护：戴化学安全防护眼镜。 身体防护：穿橡胶耐酸碱服、穿防静电工作服。 手防护：戴橡胶耐油手套
运输	运输时运输车辆应配备相应品种和数量的消防器材及泄漏应急处理设备。夏季最好早晚运输。运输时所用的槽（罐）车应有接地链，槽内可设孔隔板以减少震荡产生静电。严禁与氧化剂、酸类、食用化学品等混装混运。运输途中应防曝晒、雨淋，防高温。装运该物品的车辆排气管必须配备阻火装置，禁止使用易产生火花的机械设备和工具装卸。公路运输时要按规定路线行驶，勿在居民区和人口稠密区停留。铁路运输时要禁止溜放。严禁用木船、水泥船散装运输
废弃	不洁的包装：包装物清空后仍可能存在残留物危害，应远离热和火源，如有可能返还给供应商循环使用
监测监控和防护设施配置	设置可燃气体报警
标志标识	

10. 二异丙胺（706）

储存	远离热源、热表面、火花、明火以及其他点火源。禁止吸烟。保持容器密闭。容器和接收设备接地和等势连接。使用不产生火花的工具。采取措施，防止静电放电
使用	避免吸入蒸汽。只能使用不产生火花的工具。为防止静电释放引起的蒸汽着火，设备上所有金属部件都要接地。使用防爆设备。在通风良好处进行操作。穿戴合适的个人防护用品。避免接触皮肤和进入眼睛。远离热源、火花、明火和热表面。采取措施防止静电积累
劳动防护	呼吸防护：操作人员佩戴自吸过滤式防毒面具（全面罩）。 眼睛防护：戴化学安全防护眼镜。 身体防护：穿橡胶耐酸碱服、穿防静电工作服。 手防护：戴橡胶耐油手套
运输	装运该物品的车辆排气管必须配备阻火装置，禁止使用易产生火花的机械设备和工具装卸。运输途中应防曝晒、雨淋，防高温。运输时所用的槽（罐）车应有接地链，槽内可设孔隔板以减少震荡产生静电。严禁与氧化剂、酸类、食品及食品添加剂等混装混运。运输时运输车辆应配备相应品种和数量的消防器材及泄漏应急处理设备。运输前应先检查包装容器是否完整、密封。运输工具上应根据相关运输要求张贴危险标志、公告
废弃	不洁的包装：包装物清空后仍可能存在残留物危害，应远离热和火源，如有可能返还给供应商循环使用
监测监控和防护设施配置	确保在工作场所附近有洗眼和淋浴设施。使用防爆电器、设置可燃气体报警装置
标志标识	

11. 发烟硫酸（723）

储存	储存于阴凉、通风的库房。库温不超过 25℃，相对湿度不超过 75%。保持容器密封。应与易（可）燃物、碱类、活性金属粉末、还原剂等分开存放，切忌混储。储存区应备有泄漏应急处理设备和合适的收容材料
使用	密闭操作，注意通风。操作尽可能机械化、自动化。操作人员必须经过专门培训，严格遵守操作规程。远离易燃、可燃物。防止蒸汽泄漏到工作场所空气中。避免与碱类、活性金属粉末、还原剂接触。搬运时要轻装轻卸，防止包装及容器损坏。配备泄漏应急处理设备
劳动防护	呼吸防护：操作人员佩戴自吸过滤式防毒面具（全面罩）。 眼睛防护：戴化学安全防护眼镜。 身体防护：穿橡胶耐酸碱服。 手防护：戴橡胶耐酸碱手套。
运输	起运时包装要完整，装载应稳妥。运输过程中要确保容器不泄漏、不倒塌、不坠落、不损坏。严禁与易燃物或可燃物、碱类、活性金属粉末、还原剂、食用化学品等混装混运。运输车辆应配备泄漏应急处理设备。运输途中应防曝晒、雨淋，防高温。公路运输时要按规定路线行驶，勿在居民区和人口稠密区停留
废弃	倒空的容器可能残留有害物。 用碱液中和，用水稀释后排入废水系统。 处置前应参阅国家和地方有关法规
监测监控和防护设施配置	仓库应配置防盗报警等监控设施，并有专人值守。 现场提供安全淋浴和洗眼设备
标志标识	

12. 发烟硝酸（724）

储存	储存于阴凉、干燥、通风良好的仓间，远离火种、热源。库温不超过 30℃，相对湿度不超过 80%。保持容器密封。应与还原剂、碱类、醇类、碱金属等分开存放，切忌混储。不可混装混运。搬运时要轻装轻卸，防止包装及容器损坏。分装和搬运作业要注意个人防护。单个储存室或者储存柜储存量应当在 50kg 以下。储存区应备有泄漏应急处理设备和合适的收容材料
使用	密闭操作，注意通风。操作尽可能机械化、自动化。操作人员必须经过专门培训，严格遵守操作规程。建议操作人员佩戴自吸过滤式防毒面具（全面罩），穿橡胶耐酸碱服，戴橡胶耐酸碱手套。远离易燃、可燃物。防止蒸汽泄漏到工作场所空气中。避免与碱类、活性金属粉末、还原剂接触。搬运时要轻装轻卸，防止包装及容器损坏。配备泄漏应急处理设备。倒空的容器可能残留有害物
运输	起运时包装要完整，装载应稳妥，防止猛烈撞击。运输过程中要确保容器不泄漏、不倒塌、不坠落、不损坏。严禁与易燃物或可燃物、碱类、活性金属粉末、还原剂、食用化学品等混装混运。运输时运输车辆应配备泄漏应急处理设备。运输途中应防曝晒、雨淋，防高温。公路运输时要按规定路线行驶，勿在居民区和人口稠密区停留

劳动防护	呼吸防护：操作人员佩戴自吸过滤式防毒面具（全面罩）。 眼睛防护：戴化学安全防护眼镜。 身体防护：穿橡胶耐酸碱服。 手防护：戴橡胶耐酸碱手套
废弃	处置前应参阅国家和地方有关法规
监测监控和防护设施配置	根据《易制爆危险化学品治安管理办法》（公安部令第 154 号）要求设置相应的人力防范、实体防范、技术防范等治安防范设施。 现场提供安全淋浴和洗眼设备
标志标识	

13. 高氯酸（798）

储存	保持容器密闭。储存在干燥、阴凉和通风处。远离热源、火花、明火和热表面。存储于远离不相容材料和食品容器的地方
使用	在通风良好处进行操作。穿戴合适的个人防护用具。避免接触皮肤和进入眼睛。远离热源、火花、明火和热表面。采取措施防止静电积累。保持充分的通风，尤其是在封闭区域内。确保在工作场所附近有洗眼和淋浴设施。使用防爆电器、通风、照明等设备。设置应急撤离通道和必要的泄险区
劳动防护	呼吸防护：操作人员佩戴自吸过滤式防毒面具（全面罩）。 眼睛防护：戴化学安全防护眼镜。 身体防护：穿橡胶耐酸碱服、穿防静电工作服。 手防护：戴橡胶耐油手套
运输	严禁与酸类、易燃物、有机物、还原剂、自燃物品、遇湿易燃物品等混装混运。运输时运输车辆应配备相应品种和数量的消防器材及泄漏应急处理设备。运输前应先检查包装容器是否完整、密封。运输工具上应根据相关运输要求张贴危险标志、公告
废弃	不洁的包装：包装物清空后仍可能存在残留物危害，应远离热和火源，如有可能返还给供应商循环使用
监测监控和防护设施配置	《易制爆危险化学品名录（2011 年版）》，公安部 2011 年 11 月 25 日公告。 确保在工作场所附近有洗眼和淋浴设施。设置监控报警装置
标志标识	

14. 过氧乙酸（926）

储存	保持容器密闭。储存在干燥、阴凉和通风处。远离热源、火花、明火和热表面。存储于远离不相容材料和食品容器的地方
使用	在通风良好处进行操作。穿戴合适的个人防护用具。避免接触皮肤和进入眼睛。远离热源、火花、明火和热表面。采取措施防止静电积累
劳动防护	呼吸防护：操作人员佩戴自吸过滤式防毒面具（全面罩）。 眼睛防护：戴化学安全防护眼镜。 身体防护：穿橡胶耐酸碱服、穿防静电工作服。 手防护：戴橡胶耐油手套
运输	运输时运输车辆应配备相应品种和数量的消防器材及泄漏应急处理设备。运输前应先检查包装容器是否完整、密封。运输工具上应根据相关运输要求张贴危险标志、公告
废弃	不洁的包装：包装物清空后仍可能存在残留物危害，应远离热和火源，如有可能返还给供应商循环使用
监测监控和防护设施配置	在工作场所附近有洗眼和淋浴设施。使用防爆电器。应设监控报警装置
标志标识	

15. 甲酸（1175）

储存	储存于阴凉、通风的库房。远离火种、热源。库温不超过30℃，相对湿度不超过85%。保持容器密封。应与氧化剂、碱类、活性金属粉末分开存放，切忌混储。配备相应品种和数量的消防器材。储存区应备有泄漏应急处理设备和合适的收容材料
使用	密闭操作，加强通风。操作人员必须经过专门培训，严格遵守操作规程。远离火种、热源，工作场所严禁吸烟。使用防爆型的通风系统和设备。防止蒸汽泄漏到工作场所空气中。避免与氧化剂、碱类、活性金属粉末接触。搬运时要轻装轻卸，防止包装及容器损坏。配备相应品种和数量的消防器材及泄漏应急处理设备。倒空的容器可能残留有害物
劳动防护	呼吸防护：操作人员佩戴自吸过滤式防毒面具（全面罩）。 眼睛防护：戴化学安全防护眼镜。 身体防护：穿橡胶耐酸碱服
运输	起运时包装要完整，装载应稳妥。运输过程中要确保容器不泄漏、不倒塌、不坠落、不损坏。严禁与氧化剂、碱类、活性金属粉末、食用化学品等混装、混运。运输时运输车辆应配备相应品种和数量的消防器材及泄漏应急处理设备。运输途中应防曝晒、雨淋，防高温。公路运输时要按规定路线行驶，勿在居民区和人口稠密区停留
废弃	用焚烧法或甲醇羰基法处置
监测监控和防护设施配置	无特殊监控要求。 提供安全淋浴和洗眼设备
标志标识	

16. 硫酸（1302）

储存	储存于阴凉、通风的库房。库温不超过 35℃，相对湿度不超过 85%。保持容器密封。远离火种、热源，工作场所严禁吸烟。远离易燃、可燃物。防止蒸汽泄漏到工作场所空气中。避免与还原剂、碱类、碱金属接触。搬运时要轻装轻卸，防止包装及容器损坏。配备相应品种和数量的消防器材及泄漏应急处理设备。倒空的容器可能残留有害物
使用	操作人员必须经过专门培训，严格遵守操作规程。远离易燃、可燃物。防止蒸汽泄漏到工作场所空气中。避免与碱类、胺类、碱金属接触。搬运时要轻装轻卸，防止包装及容器损坏。配备泄漏应急处理设备。稀释或制备溶液时，应把酸加入水中，避免沸腾和飞溅伤及人员
劳动防护	呼吸防护：操作人员佩戴自吸过滤式防毒面具（全面罩）。 眼睛防护：戴化学安全防护眼镜。 身体防护：穿橡胶耐酸碱服。 手防护：戴橡胶耐酸碱手套
运输	运输按照规定路线行驶。起运时包装要完整，装载应稳妥。运输过程中要确保容器不泄漏、不倒塌、不坠落、不损坏。严禁与碱类、胺类、碱金属、易燃物或可燃物、食用化学品等混装混运。运输时运输车辆应配备泄漏应急处理设备。运输中应防曝晒、雨淋，防高温。公路运输时要按规定路线行驶，勿在居民区和人口稠密区停留。不可混储混运。搬运时要轻装轻卸，防止包装及容器损坏。分装和搬运作业要注意个人防护
废弃	倒空的容器可能残留有害物。 用碱液中和，用水稀释后排入废水系统。 处置前应参阅国家和地方有关法规
监测监控和防护设施配置	仓库应配置防盗报警等监控设施，并有专人值守。 现场提供安全淋浴和洗眼设备
标志标识	

17. 马来酸酐（1565）

储存	保持容器密闭。储存在干燥、阴凉和通风处。远离热源、火花、明火和热表面。存储于远离不相容材料和食品容器的地方
使用	在通风良好处进行操作。穿戴合适的个人防护用具。避免接触皮肤和进入眼睛。远离热源、火花、明火和热表面。采取措施防止静电积累
劳动防护	呼吸防护：操作人员佩戴自吸过滤式防毒面具（全面罩）。 眼睛防护：戴化学安全防护眼镜。 身体防护：穿橡胶耐酸碱服、穿防静电工作服。 手防护：戴橡胶耐油手套
运输	运输时运输车辆应配备相应品种和数量的消防器材及泄漏应急处理设备。运输前应先检查包装容器是否完整、密封。运输工具上应根据相关运输要求张贴危险标志、公告
废弃	不洁的包装：包装物清空后仍可能存在残留物危害，应远离热和火源，如有可能返还给供应商循环使用
监测监控和防护设施配置	在工作场所附近有洗眼和淋浴设施
标志标识	

18. 硼酸（1609）

储存	保持容器密闭。储存在干燥、阴凉和通风处。远离热源、火花、明火和热表面。存储于远离不相容材料和食品容器的地方
使用	在通风良好处进行操作。穿戴合适的个人防护用具。避免接触皮肤和进入眼睛。远离热源、火花、明火和热表面。采取措施防止静电积累
劳动防护	呼吸防护：操作人员佩戴自吸过滤式防毒面具（全面罩）。 眼睛防护：戴化学安全防护眼镜。 身体防护：穿橡胶耐酸碱服、穿防静电工作服。 手防护：戴橡胶耐油手套
运输	运输时运输车辆应配备相应品种和数量的消防器材及泄漏应急处理设备。运输前应先检查包装容器是否完整、密封。运输工具上应根据相关运输要求张贴危险标志、公告
废弃	不洁的包装：包装物清空后仍可能存在残留物危害，应远离热和火源，如有可能返还给供应商循环使用
监测监控和防护设施配置	确保在工作场所附近有洗眼和淋浴设施
标志标识	

19. 氢氟酸（1650）

储存	储存于阴凉、通风的库房。远离火种、热源。库温不超过 30℃，相对湿度不超过 85%。保持容器密封。应与碱类、活性金属粉末、玻璃制品分开存放，切忌混储。储存区应备有泄漏应急处理设备和合适的收容材料
使用	密闭操作，注意通风。操作尽可能机械化、自动化。操作人员必须经过专门培训，严格遵守操作规程。防止蒸汽泄漏到工作场所空气中。避免与碱类、活性金属粉末、玻璃制品接触。搬运时要轻装轻卸，防止包装及容器损坏。配备泄漏应急处理设备。倒空的容器可能残留有害物。提供安全淋浴和洗眼设备
劳动防护	呼吸防护：操作人员佩戴自吸过滤式防毒面具（全面罩）。 眼睛防护：戴化学安全防护眼镜。 身体防护：穿橡胶耐酸碱服
运输	起运时包装要完整，装载应稳妥。运输过程中要确保容器不泄漏、不倒塌、不坠落、不损坏。严禁与碱类、活性金属粉末、玻璃制品、食用化工品等混装混运。运输时运输车辆应配备泄漏应急处理设备。运输途中应防曝晒、雨淋，防高温。公路运输时要按规定路线行驶，勿在居民区和人口稠密区停留
废弃	用过量石灰水中和，析出的沉淀填埋处理或回收利用，上清液稀释后排入废水系统
监测监控和防护设施配置	设置自动报警装置和事故通风设施
标志标识	

20. 氢氧化钾（1667）

储存	储存于阴凉、干燥、通风良好的库房。远离火种、热源。库内湿度最好不大于85%。包装必须密封，切勿受潮。应与易（可）燃物、酸类等分开存放，切忌混储。储存区应备有合适的材料收容泄漏物
使用	大量接触烧碱时应佩带防护用具，工作服或工作帽应用棉布或适当的合成材料制作
劳动防护	呼吸防护：操作人员佩戴自吸过滤式防毒面具（全面罩）。 眼睛防护：戴化学安全防护眼镜。 身体防护：穿橡胶耐酸碱服
运输	起运时包装要完整，装载应稳妥。运输过程中要确保容器不泄漏、不倒塌、不坠落、不损坏。严禁与易燃物或可燃物、酸类、食用化学品等混装混运。运输时运输车辆应配备泄漏应急处理设备
废弃	调节至中性，再放入废水系统。也可以用大量水冲洗，经稀释的洗水放入废水系统。如大量泄漏，收集回收或无害处理后废弃
监测监控和防护设施配置	无特殊监控要求。 提供安全淋浴和洗眼设备
标志标识	

21. 液碱（1669）

储存	储存于干燥洁净的仓间内。注意防潮和雨淋。应与易燃或可燃物及酸类分开存放
使用	大量接触烧碱时应佩带防护用具，工作服或工作帽应用棉布或适当的合成材料制作
劳动防护	呼吸防护：操作人员佩戴自吸过滤式防毒面具（全面罩）。 眼睛防护：戴化学安全防护眼镜。 身体防护：穿橡胶耐酸碱服/橡皮围裙、长筒胶靴。 手防护：戴橡胶耐酸碱手套
运输	搬运时要轻放轻卸，防止包装及容器损坏。雨天不宜运输
废弃	调节至中性，再放入废水系统。也可以用大量水冲洗，经稀释的洗水放入废水系统。如大量泄漏，收集回收或无害处理后废弃
监测监控和防护设施配置	无特殊监控要求。 提供安全淋浴和洗眼设备
标志标识	

22. 氢氧化钠（1669）

储存	储存于干燥洁净的仓间内。注意防潮和雨淋。应与易燃或可燃物及酸类分开存放。分装和搬运作业要注意个人防护
使用	大量接触烧碱时应佩带防护用具，工作服或工作帽应用棉布或适当的合成材料制作。接触片状或粒状烧碱时，工作场所应有通风装置，可能接触其粉尘时，必须佩戴头罩型电动送风过滤式防尘呼吸器。必要时，佩戴空气呼吸器。操作人员必须经过专门培训，严格遵守操作规程
劳动防护	呼吸防护：操作人员佩戴自吸过滤式防毒面具（全面罩）。 眼睛防护：戴化学安全防护眼镜。 身体防护：穿橡胶耐酸碱服/橡皮围裙、长筒胶靴。 手防护：戴橡胶耐酸碱手套
运输	搬运时要轻放轻卸，防止包装及容器损坏。雨天不宜运输
废弃	调节至中性，再放入废水系统。也可用大量水冲洗，经稀释的洗水放入废水系统。如大量泄漏，收集回收或无害处理后废弃
监测监控和防护设施配置	无特殊监控要求。 提供安全淋浴和洗眼设备
标志标识	

23. 三氯乙酸（1862）

储存	保持容器密闭。储存于干燥、阴凉和通风处。远离热源、火花、明火和热表面。存储于远离不相容材料和食品容器的地方
使用	在通风良好处进行操作。穿戴合适的个人防护用具。避免接触皮肤和进入眼睛。远离热源、火花、明火和热表面。采取措施防止静电积累
劳动防护	呼吸防护：操作人员佩戴自吸过滤式防毒面具（全面罩）。 眼睛防护：戴化学安全防护眼镜。 身体防护：穿橡胶耐酸碱服、穿防静电工作服。 手防护：戴橡胶耐油手套
运输	运输时运输车辆应配备相应品种和数量的消防器材及泄漏应急处理设备。运输前应先检查包装容器是否完整、密封。运输工具上应根据相关运输要求张贴危险标志、公告
废弃	不洁的包装：包装物清空后仍可能存在残留物危害，应远离热和火源，如有可能返还给供应商循环使用
监测监控和防护设施配置	在工作场所附近有洗眼和淋浴设施
标志标识	

24. 苦味酸（1872）

储存	保持容器密闭。储存在干燥、阴凉和通风处。远离热源、火花、明火和热表面。存储于远离不相容材料和食品容器的地方
使用	在通风良好处进行操作。穿戴合适的个人防护用具。避免接触皮肤和进入眼睛。远离热源、火花、明火和热表面。采取措施防止静电积累
劳动防护	呼吸防护：操作人员佩戴自吸过滤式防毒面具（全面罩）。 眼睛防护：戴化学安全防护眼镜。 身体防护：穿橡胶耐酸碱服、穿防静电工作服。 手防护：戴橡胶耐油手套
运输	运输时运输车辆应配备相应品种和数量的消防器材及泄漏应急处理设备。运输前应先检查包装容器是否完整、密封。运输工具上应根据相关运输要求张贴危险标志、公告
废弃	不洁的包装：包装物清空后仍可能存在残留物危害，应远离热和火源，如有可能返还给供应商循环使用
监测监控和防护设施配置	确保在工作场所附近有洗眼和淋浴设施。使用防爆电器、通风、照明等设备。设置可燃气体报警装置
标志标识	

25. 铬（酸）酐（1913）

储存	保持容器密闭。储存在干燥、阴凉和通风处。远离热源、火花、明火和热表面。存储于远离不相容材料和食品容器的地方
使用	在通风良好处进行操作。穿戴合适的个人防护用具。避免接触皮肤和进入眼睛。远离热源、火花、明火和热表面。采取措施防止静电积累
劳动防护	呼吸防护：操作人员佩戴自吸过滤式防毒面具（全面罩）。 眼睛防护：戴化学安全防护眼镜。 身体防护：穿橡胶耐酸碱服、穿防静电工作服。 手防护：戴橡胶耐油手套
运输	严禁与酸类、易燃物、有机物、还原剂、自燃物品、遇湿易燃物品等混装混运。运输时运输车辆应配备相应品种和数量的消防器材及泄漏应急处理设备。运输前应先检查包装容器是否完整、密封。运输工具上应根据相关运输要求张贴危险标志、公告
废弃	不洁的包装：包装物清空后仍可能存在残留物危害，应远离热和火源，如有可能返还给供应商循环使用
监测监控和防护设施配置	无要求
标志标识	

26. 硝酸（2285）

储存	储存于阴凉，干燥、通风良好的仓间，远离火种、热源。库温不超过 30℃，相对湿度不超过 80%。保持容器密封。应与还原剂、碱类、醇类、碱金属等分开存放，切忌混储。不可混储混运。搬运时要轻装轻卸，防止包装及容器损坏。分装和搬运作业要注意个人防护。单个储存室或者储存柜储量应当在 50kg 以下。储存区应备有泄漏应急处理设备和合适的收容材料
使用	密闭操作，注意通风。操作尽可能机械化、自动化。操作人员必须经过专门培训，严格遵守操作规程。远离火种、热源，工作场所严禁吸烟。防止蒸汽泄漏到工作场所空气中。避免与还原剂、碱类、醇类、碱金属接触。搬运时要轻装轻卸，防止包装及容器损坏。配备相应品种和数量的消防器材及泄漏应急处理设备。倒空的容器可能残留有害物。稀释或制备溶液时，应把酸加入水中，避免沸腾和飞溅
劳动防护	呼吸防护：操作人员佩戴自吸过滤式防毒面具（全面罩）。 眼睛防护：戴化学安全防护眼镜。 身体防护：穿橡胶耐酸碱服。 手防护：戴橡胶耐酸碱手套
运输	稀硝酸应用不锈钢或玻璃钢增强塑料槽车或储罐输送或储存。浓硝酸应装在 C4 钢或铝制等能耐浓硝酸腐蚀的容器中。少量采用耐酸陶瓷坛或玻璃瓶包装，每坛净重 33～40kg。浓硝酸采用耐酸泥封口，稀硝酸采用石膏封口。每坛装入衬有细煤渣或细矿渣等物的坚固木箱中，以便运输。包装上应有明显的"腐蚀性物品"标志。防止曝晒和猛烈撞击
废弃	处置前应参阅国家和地方有关法规
监测监控和防护设施配置	根据《易制爆危险化学品治安管理办法》（公安部令第 154 号）要求设置相应的人力防范、实体防范、技术防范等治安防范设施。 现场提供安全淋浴和洗眼设备
标志标识	

27. 盐酸（2507）

储存	储存于阴凉、通风的库房。库温不超过 30℃，相对湿度不超过 80%。保持容器密封。应与碱类、胺类、碱金属、易（可）燃物分开存放，切忌混储。储存区应备有泄漏应急处理设备和合适的收容材料
使用	分装和搬运作业要注意个人防护。密闭操作，注意通风。操作尽可能机械化、自动化。远离易燃、可燃物。防止蒸汽泄漏到工作场所空气中。避免与碱类、胺类、碱金属接触。操作人员必须经过专门培训，严格遵守操作规程
劳动防护	呼吸防护：操作人员佩戴自吸过滤式防毒面具（全面罩）。 眼睛防护：戴化学安全防护眼镜。 身体防护：穿橡胶耐酸碱服。 手防护：戴橡胶耐酸碱手套

运输	搬运时要轻装轻卸，防止包装及容器损坏。配备泄漏应急处理设备。运输按照规定路线行驶。本品铁路运输时限使用有橡胶衬里钢制罐车或特制塑料企业自备罐车装运，装运前需报有关部门批准。严禁与碱类、胺类、碱金属、易燃物或可燃物、食用化学品等混装混运。运输时运输车辆应配备泄漏应急处理设备。运输途中应防曝晒、雨淋，防高温。公路运输时要按规定路线行驶，勿在居民区和人口稠密区停留
废弃	倒空的容器可能残留有害物。 用碱液—石灰水中和，生成氯化钠和氯化钙，用水稀释后排入废水系统。 处置前应参阅国家和地方有关法规
监测监控和防护设施配置	仓库应配置防盗报警等监控设施，并有专人值守。 现场提供安全淋浴和洗眼设备
警告标识	

28. 乙酸（2630）

储存	储存于阴凉、通风的库房。远离火种、热源。冬季应保持库温高于16℃，以防凝固。保持容器密封。应与氧化剂、碱类分开存放，切忌混储。采用防爆型照明、通风设施。禁止使用易产生火花的机械设备和工具。储存区应备有泄漏应急处理设备和合适的收容材料
使用	密闭操作，加强通风。操作人员必须经过专门培训，严格遵守操作规程。远离火种、热源，工作场所严禁吸烟。使用防爆型的通风系统和设备。防止蒸汽泄漏到工作场所空气中。避免与氧化剂、碱类接触。搬运时要轻装轻卸，防止包装及容器损坏。配备相应品种和数量的消防器材及泄漏应急处理设备。倒空的容器可能残留有害物
劳动防护	呼吸防护：操作人员佩戴自吸过滤式防毒面具（全面罩）。 眼睛防护：戴化学安全防护眼镜。 身体防护：穿橡胶耐酸碱服。
运输	起运时包装要完整，装载应稳妥。运输过程中要确保容器不泄漏、不倒塌、不坠落、不损坏。运输时所用的槽（罐）车应有接地链，槽内可设孔隔板以减少震荡产生静电。严禁与氧化剂、碱类、食用化学品等混装、混运。公路运输时要按规定路线行驶，勿在居民区和人口稠密区停留
废弃	用焚烧法处置
监测监控和防护设施配置	应配备可燃气体报警。 提供安全淋浴和洗眼设备
标志标识	

29. 乙酸酐（2634）

储存	保持容器密闭。储存在干燥、阴凉和通风处。远离热源、火花、明火和热表面。存储于远离不相容材料和食品容器的地方
使用	只能使用不产生火花的工具。为防止静电释放引起的蒸汽着火，设备上所有金属部件都要接地。使用防爆设备。在通风良好处进行操作。远离热源、火花、明火和热表面。采取措施防止静电积累
劳动防护	呼吸防护：操作人员佩戴自吸过滤式防毒面具（全面罩） 眼睛防护：戴化学安全防护眼镜。 身体防护：穿橡胶耐酸碱服、穿防静电工作服。 手防护：戴橡胶耐油手套
运输	装运该物品的车辆排气管必须配备阻火装置，禁止使用易产生火花的机械设备和工具装卸。运输途中应防曝晒、雨淋，防高温。运输时所用的槽（罐）车应有接地链，槽内可设孔隔板以减少震荡产生静电。严禁与氧化剂、酸类、食品及食品添加剂等混装混运。运输时运输车辆应配备相应品种和数量的消防器材及泄漏应急处理设备。运输前应先检查包装容器是否完整、密封。运输工具上应根据相关运输要求张贴危险标志、公告
废弃	不洁的包装：包装物清空后仍可能存在残留危害，应远离热和火源，如有可能返还给供应商循环使用
监测监控和防护设施配置	在工作场所附近有洗眼和淋浴设施。使用防爆电器
标志标识	

30. 磷酸（2790）

储存	保持容器密闭。储存在干燥、阴凉和通风处。远离热源、火花、明火和热表面。存储于远离不相容材料和食品容器的地方
使用	在通风良好处进行操作。穿戴合适的个人防护用具。避免接触皮肤和进入眼睛。远离热源、火花、明火和热表面。采取措施防止静电积累。保持充分的通风，尤其是在封闭区域内。确保在工作场所附近有洗眼和淋浴设施。使用防爆电器、通风、照明等设备。设置应急撤离通道和必要的泄险区
劳动防护	面部防护：如果蒸汽浓度超过职业接触限值或发生刺激等症状时，请使用全面罩式多功能防毒面具。 眼睛防护：佩戴化学护目镜。 身体防护：穿阻燃防静电防护服和抗静电的防护靴。 手防护：戴化学防护手套（例如丁基橡胶手套）
运输	运输时运输车辆应配备相应品种和数量的消防器材及泄漏应急处理设备。运输前应先检查包装容器是否完整、密封。运输工具上应根据相关运输要求张贴危险标志、公告
废弃	不洁的包装：包装物清空后仍可能存在残留物危害，应远离热和火源，如有可能返还给供应商循环使用
监测监控和防护设施配置	确保在工作场所附近有洗眼和淋浴设施
标志标识	

注　上述 30 种酸碱类危险化学品的安全技术条件和监测监控要求数据主要来源于《危险化学品安全技术全书》（周国泰主编，化学工业出版社）。

参 考 依 据

1.《中华人民共和国安全生产法》(主席令第七十号)

2.《危险化学品安全管理条例》(国务院令第 591 号第 645 号修订)

3.《危险化学品安全使用许可证实施办法》(原安监总局 57 号令)

4.《化学品物理危险性鉴定与分类》(原安监总局 60 号令)

5.《危险化学品目录 2015 版》(原国家安监总局、工信部、公安部、环保部、交通运输部等部委联合公告 2015 年第 5 号)

6.《危险废物名录》(环境保护部令第 39 号)

7.《危险货物道路运输安全管理办法》(交通运输部令 2019 年第 29 号)

8.《工作场所有毒气体检测报警装置设置规范》(GBZ/T 223—2009)

9.《化学品分类及危险性公示 通则》(GB 13690—2009)

10.《危险货物分类和品名编号》(GB 6944—2012)

11.《化学品作业场所安全警示标识规范》(AQ 3047—2013)

12.《生产过程危险和有害因素分类与代码》(GB/T 13861—2009)

13.《易制爆危险化学品储存场所治安防范要求》(GA 1511—2018)

14.《常用化学危险品贮存通则》(GB 15603—1995)

15.《易燃易爆性商品储存养护技术条件》(GB 17914—2013)

16.《腐蚀性商品储存养护技术条件》(GB 17915—2013)

17.《毒害性商品储存养护技术条件》(GB 17916—2013)

18.《道路运输危险货物车辆标志》(GB 13392—2005)

19.《危险货物道路运输规则 第 4 部分：运输包装使用要求》(JT/T 617.4—2018)

20.《危险货物道路运输规则 第 6 部分：装卸条件及作业要求》(JT/T 617.6—2018)

21.《防护服装 化学防护服的选择、使用和维护》(GB/T 24536—2009)

22.《防护服装 酸碱类化学品防护服》(GB 24540—2009)

11. 国家电网有限公司实验室试剂类危险化学品安全管理工作规范（试行）

国家电网有限公司
实验室试剂类危险化学品安全管理工作规范（试行）

第一章 总 则

第一条 为规范国家电网有限公司（以下简称公司）实验室试剂类危险化学品（以下简称危化品）安全管理工作，加强危化品安全风险管控，有效防范危化品事故（件）的发生，《危险化学品安全管理条例》等国家有关法律法规、标准，结合公司实际，制定本规范。

第二条 本规范所称危化品，是指列入国家《危险化学品目录》、在公司系统内部实验室使用管理的、用于分析化验、实验研究等的化学试剂。

第三条 本规范所称危化品按管控方式分类，分为国家管控危化品和非国家管控危化品两大类。国家管控危化品是指国家法律法规规定的易制毒化学品、剧毒化学品和易制爆化学品，共三类。

第四条 本规范所称危化品的安全管理，是指公司各级单位对实验室人员、设施以及危化品采购、储存、使用、废弃处置和应急管理等各环节进行的安全管理工作。

第五条 危化品安全管理应坚持"安全第一、预防为主、综合治理"的方针，按照"管业务必须管安全""谁主管谁负责、谁使用谁负责"原则，建立分级负责、各司其职和监督检查综合管理机制，公司各级单位应依据国家法规规范履行安全管理职责。

第六条 本规范适用于公司所属各级电科院危化品安全管理工作。公司其他有实验室试剂类危化品的单位参照执行。

第二章 职 责 分 工

第七条 安全监督管理部门。负责建立健全本单位安全管理制度；组织或督促相关部门编制岗位安全操作规程和岗位安全责任清单；对危化品的采购、储存、使用和废弃处置全过程进行安全监督检查；负责采购并配发作业相关个体防护用品；负责建立危化品全周期信息监管系统。负责建立健全应急管理工作体系。

第八条 物资管理部门。负责按专业部门提出的物资采购规范要求，组织危化品采购；在采购阶段审核销售单位资质；参与事故调查和处置。

第九条 科技支撑部门（实验检测部门）。负责审核科研用（质检用）危化品的采购申请，协助安全监督部门审核相关危化品安全操作规程和安全防护标准等；参与事故调查和处置。

第十条 后勤管理部门。负责组织实验场所安全防护设施、实验环境的建设；参与事故调查和处置。

第十一条 发展规划部门。负责将列入零星采购、生产大修技改等的危化品采购、实验场地维修改造等需求纳入综合计划，负责危化品实验室、库房、危险废物存放区等的规划和组织建设。

第十二条 财务资产部门。负责将零星采购、生产大修技改和实验场地维修改造等业务预算中的危化品资金需求纳入本单位预算，保证足额资金投入。

第十三条 使用部门。建立健全实验室安全管理制度；编制岗位安全操作规程；负责实验室人员、设施、防护用品以及危化品采购、使用、保管、废弃回收储存、废弃处置和应急管理等各环节具体安全措施的执行和管控；参与或配合事故救援和调查；负责实验室安全风险防控、隐患排查治理工作；负责实验室从业人员的安全管理培训和考核，负责对外来作业人员的资质、设备状况、作业活动等全过程进行安全监管。

第三章 安 全 管 理

第一节 一 般 规 定

第十四条 公司所属各级电科院应根据实际工作，建立健全本单位危化品安全管理制度和操作规程。

第十五条 实验室人员要求。

（一）使用部门安全专责和实验室负责人（以下统称管理人员）应具备相应的危化品专业管理知识和能力，接受危化品安全培训和考核，管理人员初次上岗培训应不少于48学时，初次上岗培训之后每年再培训应不少于16学时。

（二）实验室安全员和操作人员上岗前应接受危化品相关的安全知识培训和考核，考核合格后方可上岗作业；对有资格要求的岗位，应当配备依法取得相应资格的人员。

（三）管理人员在本单位内调整岗位或离岗一年以上重新上岗时，应接受实验室危化品上岗培训，培训应不少于 4 学时。实验室使用新设备时，管理人员和操作人员需要重新进行针对性的安全培训，实验室安全培训应有记录。

（四）实验室应设专（兼）职安全员。安全员必须具备基本的危化品管理专业知识，能够实施实验室安全保障措施和应急措施，能对实验室各项工作进行安全监督，阻止不安全行为或活动的发生。

（五）外来实习和短期工作人员应接受危化品相关的安全知识培训，清楚有关风险及应对措施。不得单独进行涉及危化品的实验。

（六）各类人员应遵守实验室安全准入制度。

第十六条 实验室设备设施要求。

（一）实验室设计应符合（JGJ 91）《科学实验建筑设计规范》的规定。

（二）使用或产生可燃气体、有毒有害气体的实验室不宜设吊顶。

（三）实验工作区和办公休息区应隔开设置。

（四）危化品库房和危险性高的实验室，其房间的门应向疏散方向开启，不应采用推拉门、卷帘门。

（五）危化品储存柜设置应避免阳光直晒及靠近暖气等热源，保持通风良好，不宜贴邻实验台设置，也不应放置于地下室。

（六）使用惰性气体的实验室，应设通风机，宜配备氧气含量测报仪。

（七）使用或产生可燃气体、可燃蒸气的实验室，应配备防爆型电气设备，并应设可燃气体测报仪，且与风机联锁。

（八）使用或产生有毒有害气体的实验室，应安装相应的有毒有害气体测报仪，且与风机联锁。

（九）实验室内气瓶应配置气瓶柜或气瓶防倒链、防倒栏栅等设备；气瓶的防震圈、瓶帽等安全附件要始终处于完好状态。气瓶设置在室外，应设避雨通风的安全区域。

（十）对实验过程中产生的废气，应根据其特性、产生量以及环保要求制定并实施相应处理措施，确认其有害物质浓度低于国家安全排放标准后才能排入大气。

（十一）实验室根据实际情况和使用的危化品危险特性，按照需要设置应急洗眼器、淋洗器等安全防护设施。

（十二）实验室用灭火器的类型和数量的配置应符合《建筑灭火器配置设计规范》（GB 50140）的规定。

（十三）实验室应根据《易燃易爆性商品储存养护技术条件》（GB 17914—2013）、《腐蚀性商品储存养护技术条件》（GB 17915）和《毒害性商品储存养护技术条件》（GB 17916）中规定的易燃易爆性化学品、腐蚀性化学品和毒害性化学品的灭火方法，针对实验室使用的化学品的危险性质，在明显和便于取用的位置定位设置灭火器、灭火毯、砂箱、消防铲及其他必要消防器材。

（十四）实验室应根据实际需要配置急救箱或急救包。

（十五）根据实验室存在的职业危险因素，为操作人员和参与实验的人员配备符合《个体防护装备配备基本要求》（GB/T 29510）规定的防护口罩、防护眼镜、防护面具、防护手套、防护服等必要的个体防护用品。

（十六）实验室设施设备的其他要求应符合《检测实验室安全》（GB/T 27476）的规定。

第二节 采 购

第十七条 公司所属各级电科院应向具有合法资质的生产、经营单位购买危化品，危化品应符合国家有关技术标准和规范。严禁向无生产或销售合法资质的单位采购。

第十八条 危化品采购必须严格执行审批制度，购买前需填写采购申请表（见附件1），任何单位和个人不得擅自购买，采购流程必须满足国家、地方和公司相关管理规定要求。

第十九条 国家管控危化品采购必须严格按照公安部门的规定程序进行办理，并按照以下流程进行审批：

（一）易制毒化学品实行"审核、审批、购买"制度。易制毒化学品必须经使用部门—科技支撑部门（实验检测部门）—物资采购部门—安全监督部门至分管领导逐级审核，并报公安部门审批后，获得公安部门出具的《易制毒化学品购买备案证明》方可采购。

（二）易制爆化学品实行"审核、购买、备案"制度。即由使用部门—科技支撑部门（实验检测部门）—物资采购部门—安全监督部门至分管领导逐级审核后可进行采购，采购完成后 2 日内向公司备案，5 日内必须到公安部门备案，并取得备案证明文件。备案证明文件原件交公司留存，复印件交院和使用部门存档。

（三）剧毒类化学品的采购按照公安部门相关规定执行。

第二十条 非国家管控危化品的采购由使用部门提出采购申请，经安全监督部门审核通过，报本单位备案管理。

第二十一条 严格控制危化品采购数量。在满足实验和科研要求的前提下，单次最大采购量按表 1 要求执行。

表 1   危化品采购量限制表

分类		单次最大采购量
不常用危化品		1 瓶/最小剂量
常用危化品	管制类	实验室 3 个月用量
	非管制类	实验室 12 个月用量

第三节　运输、验收和装卸

第二十二条 危化品采购过程中的运输由供方承担。物资采购部门或使用部门应确认供方具有国家颁发的《危险货物道路运输许可证》等相关资质。

第二十三条 运输、装卸过程中要严格按照物品注意事项或说明书进行，应遵守下列基本要求：

（一）危化品的装卸作业应当遵守安全作业标准、规程和制度，并在管理人员的现场指挥或监控下进行。

（二）运输危化品的车辆在厂区行驶时，不得客货混装，不得随意改变行车路线，中途不得随意停车，如遇问题，应向后勤管理部门及时报告，监督其采取安全措施，将危化品分批次运送，确保运输安全。

（三）装卸危化品时应轻拿轻放、防止撞击、拖拉和倾倒、做好隔热、防潮措施。

（四）运输、装卸危化品应当依照有关法律、法规和国家标准的要求并按照危化品的危险性，采取必要的安全防护措施。

（五）碰撞、互相接触容易引起燃烧、爆炸或造成其他危险的危化品，以及化学性质或防护、灭火方法互相抵触的危化品，不得违反装配限制和混合装运。

第二十四条 到货后，由使用部门组织安全监督部门、物资管理部门与供应商进行当面交货，并提供与其相符的化学品安全技术说明书和包装（包括外包装件）上已粘贴或者拴挂与包装内危化品相符的化学品安全标签；安全技术说明书和安全标签所载明的内容应当符合国家标准的要求。

<h3 style="text-align:center">第四节　储　存、保　管</h3>

第二十五条 危化品的储存方法应符合《常用化学危险品贮存通则》（GB 15603）的要求。易燃易爆化学品、腐蚀性化学品、毒害性化学品的储存方法应分别符合《易燃易爆性商品储存养护技术条件》（GB 17914）、《腐蚀性商品储存养护技术条件》（GB 17915）和《毒害性商品储存养护技术条件》（GB 17916）的要求。

第二十六条 危化品应当储存在专用仓库、专用储存室、气瓶间或专柜等特定的储存场所内，不应露天存放。剧毒化学品储存应符合《剧毒化学品、放射源存放场所治安防范要求》（GA 1002）的规定。

第二十七条 互为禁忌的化学品不应混合存放，常用危化品储存禁忌物配存表见附件 2。不同种类的毒害性化学品，视其危险程度和灭火方法的不同应分开存放，性质相抵的毒害性化学品不应同库混存。

第二十八条 存放危化品的库房存储温度不宜超过 35℃。易挥发的毒害性危化品，应控制在 32℃以下，相对湿度应在 85%以下。对于易潮解的危化品，相对湿度应控制在 80%以下。

第二十九条 危化品存放应符合以下要求：

（一）危化品应存放在具有通风或吸收净化功能的储存柜内。

（二）需低温存放的易燃易爆化学品应存放在具有防爆功能的冰箱内。

（三）腐蚀性化学品应单独存放在具有防腐蚀功能的存储柜内，并有防遗洒托盘。

（四）剧毒化学品应单独存放在双锁的专用存储柜中，实行"双人保管、双人领取、双人使用、双把锁、双本账"的"五双制度"。

（五）危化品安全标签应完整，包装不应泄漏、生锈和损坏，封口应严密，不应使用饮料及生活用品容器盛放。

（六）当危化品由原包装物转移或分装到其他包装物内时，转移或分装后的包装物应及时重新粘贴安全标签。

第三十条 危化品存放限量要求如下：

（一）实验室负责人负责核定本实验室的危化品存放数量，严禁超量存放。危化品存放数量可参考表 2 执行。

表 2 危化品存放数量限制表

分类		最大存放量
常用危化品 （不含氧气和可燃气体）	管制类	实验室一周用量
	非管制类	1 瓶或实验室 3 个月用量（与仪器配套使用的压缩气体、液化气体，集中设置采用管道供应的气瓶间除外）

（二）每间实验室内存放的氧气和可燃气体各不宜超过一瓶或两天的用量，氧气与可燃气体气瓶摆放与使用应满足安全距离要求。

（三）实验室内与仪器设备配套使用的气体钢瓶，应控制在最小需求量；备用气瓶、空瓶不应存放在实验室内。

第三十一条 实验室必须建立严格的出入库管理制度。出入库前均应按合同进行检查验收，验收内容包括品名、数量、包装及标签、危险标志等，经核对后方可出入库。入库时做好登记，登记内容包括品名、数量、供货单位、采购人、入库人、入库时间、失效时间等。

第三十二条 存放危化品的库房须配备双把锁，钥匙由二人分别保管。库管员应熟知危化品的安全技术说明书内容，如实记录储存的危化品的数量、流向，并采取必要的安全防范措施，防止其丢失或者被盗。

第三十三条 危化品入库后应采取适当的养护措施，在储存期内，定期检查，发现其品质变化、包装破损、渗漏、稳定剂短缺等，应及时处理。

第五节 领 取、使 用

第三十四条 危化品的发放、领取和退回应符合如下要求：

（一）领取危化品时须由实验室负责人审批通过，要求两人同行，同时对等交回使用过的危化品包装物、器皿等（即交旧领新）。非国家管控危化品，由实验室负责人审批，最多可审批一周的使用量；国家管控危化品，经实验室负责

人—使用部门负责人—安全监督部门三级审批，审批量为当日使用量。（领用审批表见附件 3）

（二）发放应由专人（库管员）负责，并根据审批的种类和数量发放。领用人可根据实验工作的短期实际需要，按需领用危化品。

（三）坚持先入先出的原则。库管员做好危化品出入库记录，记录应包括品种、规格、发放日期、退回日期、领取单位、领用人、数量以及结存数量；发放国家管控危化品时还应记载用途。记录保存期限不少于 3 年。

（四）实验室应建立并如实填写领用记录，内容包括品名、规格、领用日期、领用单位、领用人、数量、退回日期等。

第三十五条 危化品领用及操作人员应当清楚危化品的主要性能，熟悉安全技术说明书的内容，库管员应向使用人提供相关的安全技术说明书等资料，并做好登记。

第三十六条 危化品操作人员应遵守的要求和具备的能力如下：

（一）必须严格按相关工作标准操作，掌握必要的急救知识和一般事故处理方法，接受相应的安全技术培训，熟悉所使用危化品的性质，熟练掌握相应危化品的使用方法和注意事项。

（二）使用危化品前，应详细阅读安全技术说明书，掌握应急处理方法和自救措施。

（三）使用危化品进行实验前，必须对环境安全措施、紧急设备设施、个人防护用品进行检查，确认其可靠、可行、可用。

（四）使用过程中应严格按照防护要求佩戴相应的个人防护用品，并严格遵守安全操作规程。

（五）国家管控危化品的使用应当根据其种类和性能设置相应的安全设施，并根据实际情况和可能发生的事故危害确定防护重点，制定防护措施和应急预案。

第三十七条 危化品使用过程中需注意以下安全事项：

（一）禁止使用没有安全标签或已被污染而无法识别标签内容的危化品。使用时要注意保护安全标签。

（二）取用危化品前应检查试剂的外观，注意其生产日期，不得使用失效的试剂。如怀疑有变质可能时，应经检验合格后再用。

（三）实验室内危化品使用过程中应有专人保管，分类存放，并定期检查使用及保管情况。

（四）国家管控危化品必须在指定实验室使用，严格控制使用范围和剂量，按用途、流向、用量做好认真详细的记录。使用过程中如发生被盗、丢失、误用等不安全事件时，须立即向使用部门负责人上报，并根据实际情况启用应急响应。国家管控危化品不得私自借用，不得私自带出实验室。

（五）保存在实验室内的危险品应严格控制、加强管理。

（六）使用挥发性强的危化品时，其操作应在通风良好的地方或在通风橱内进行。

第三十八条 实验室应有明显的安全标志，标志应保持清晰、完整。

第三十九条 应在实验室的显著位置张贴或悬挂岗位安全操作规程和现场处置方案。

第四十条 应定期对本单位易燃易爆气体储罐、管道、阀门、仪表、安全应急装置进行检测、检验。建立规范的检/巡查、校验管理台账。

第六节　废弃、处置

第四十一条 实验室危险废物管理处置严格依照《中华人民共和国环境保护法》《废弃危险化学品污染环境防治办法》和国家有关规定执行。严禁随意堆放和排泄，防止环境污染与生态破坏。

第四十二条 实验室危险废物是指实验过程中产生的有毒有害的各类化学废液、残渣、废弃化学试剂、废旧空瓶等，以及其他列入《国家危险废物名录》，或根据国家规定的危险废物鉴别标准和鉴别方法认定的具有危险废物特性的废物。

第四十三条 实验室危险废物的收集应遵照以下规定：

（一）实验中产生的酸、碱废液，不能私自处置及随意排放，要按照《中华人民共和国固体废物污染环境防治法》规定进行收集、储存，交给具有危险废物无害化处置资质的单位进行处理；含重金属的废液，不论浓度高低，必须全部回收。

（二）实验中产生、弃用的有毒有害固态物质以及盛装危险物品的空器皿、包装物等有毒有害固体废物须放入特定的收集容器中，不得随意掩埋、丢弃。

（三）过期药品、浓度高的废试剂、剧毒化学品等必须保持原标签完好、清晰，由原器皿盛装暂存，不得随意掩埋或倒入收集容器内。

（四）剧毒品包装及弃用工具必须统一存放、处理，不得挪作他用或乱扔乱放。

第四十四条　实验室危险废物的暂存管理应遵照以下规定：

（一）暂存实验室危险废物的库房或室内专区，应保持通风，避免高温、日晒、雨淋，远离火源及生活垃圾。应按危险废物类别配备符合相关技术规范要求的暂存收集容器。

（二）危险废物应严格分类收集、暂存，避免不相容性危险废物近距离存放，容器上需明确标识危险废物的名称、重量、危险类别、收集时间以及注意事项等并建立相应的防护措施，防止被盗或意外泄漏而造成危害。

（三）实验室危险废物库房外部应张贴醒目的危险废物警告标志、库房内张贴危险废物管理制度、危险废物意外事故防范措施和应急预案。

（四）实验室内危险废物临时存放地点要有明显区域界限，有危险废物警告标志，收集桶贴有标识危险废物名称、危险类别、安全事项的危险废物标签，不得与生活垃圾混放。

第四十五条　使用部门须指定专人负责部门实验室危险废物的收集、处置工作。根据危险废物的产生情况委托专业单位进行危险废物转运和处置。

第四十六条　实验室危险废物应按要求粘贴危险废物标签。

第四十七条　危化品危险废物储存时间不得超过一年。对实验室危险废物及销毁的危化品要做好记录，应每年统计一次并由部门负责人签字确认。

第四章　应　急　管　理

第四十八条　公司所属各级电科院应将危化品纳入应急体系范畴，指导和监督危化品相关突发事件应急管理工作。

第四十九条　结合公司《危险化学品事故应急救援预案》，公司所属各级电科院应按照已制定的不同介质（如针对易爆、有毒等）的危化品事故专项应急预案及现场处置方案，不定期实施预案演练，每年度应不少于一次，并做好演练记录。

第五十条　发生突发事件，事发单位要做好先期处置，及时向公司总部或有关部门报告，组织开展应急处置与救援。加强舆情监测，避免负面影响。

第五十一条　公司所属各级电科院专项应急预案、现场处置方案等相关内容应根据情况变化及时更新完善。

第五章 检 查 考 核

第五十二条 公司所属各级电科院应定期对实验室工作进行安全检查，检查应包括责任制落实、风险辨识、风险控制措施、人员行为、安全设施和设备、应急物资等内容，每季度应不少于一次，发现问题，及时督促整改。每季度对危化品动态管理数据进行更新。

第五十三条 监督检查结果应保存 3 年。

第五十四条 公司所属各级电科院应建立危化品安全管理评价机制，定期对本单位危化品安全管理工作进行评价考核，对工作突出的单位和个人，给予安全奖励。

第五十五条 危化品安全管理纳入公司所属各级电科院安全生产工作进行考核评价。对违反本规定的单位和个人，有下列情形的依照公司安全管理考核规定给予相应的处罚和考核：

（一）不履行安全管理职责、不按规定要求申报、备案、审批，私自采购危化品的。

（二）不按规定要求违规存放、领取、使用危化品的。

（三）私自盗窃、挪用危化品，尚不构成事故的。

（四）发生危化品事故不按规定报告、通报事故真实情况或迟报、瞒报、漏报、谎报的。

（五）发生危化品事故拒不执行事故应急预案，不服从命令和指挥，或在事故应急响应时失职、渎职、临阵脱逃的。

（六）阻碍事故应急救援工作人员执行任务的。

（七）散布危化品事故谣言，扰乱企业生产秩序的。

（八）危化品隐患整改不彻底，逾期未完成整改的。

第五十六条 公司所属各级电科院发生危化品生产安全事故、环境污染事故和生态破坏事件的要按有关规定追究相关单位和个人责任。

第六章 附 则

第五十七条 本规范由国家电网有限公司安全生产委员会办公室负责解释并监督执行。文中引用的文件，其最新版本（包括所有的修改单）适用于本规范。

第五十八条 本规范自发布之日起施行。

附件1

实验室试剂类危险化学品采购申请表

编号：　　　　　　　　　　　　　申购日期：　　年　月　日

化学品类型（只能在一个（　）内打√）：
管控类危化品：1. 易制爆化学品（　　）2. 易制毒化学品（　　）3. 剧毒化学品（　　）
非管控类危化品：一般危化品（　　）

申购人所在部		申购人姓名、电话		
供货公司名称		供货公司联系人姓名、电话		

序号	化学品名称	数量（L/g）	危险特性（易燃、易爆、腐蚀、有毒等）	用途	存放地点（具体到楼号和房间号）	是否满足安全存放条件	实验室负责人签字确认

申购人安全责任声明：
　　本人保证以上申请材料真实可靠，将申购的上述危化品在部门用于表中申请用途，在任何情况下不挪作他用，不私自转让给其他单位或个人，并严格执行相关规定，落实专人管理，做好台账，接受监督检查，不自行运输，保证相关人员培训到位，如在存放、使用过程中出现安全问题或使上述危化品被非法使用或流入非法渠道，本人自愿承担相应责任。
申购人（签名）：　　　　　　　　　　　　　　　年　月　日

实验室负责人	
危化品使用部门负责人	

审核单位意见

科技支撑部门	
物资采购部门	
安全监督部门	
网省公司	

申购须知：
　　（1）此表格须正反印打印，申购材料包括此表格、《购销合同》扫描件、供货商资质扫描件（营业执照、非药品易制毒证件、危化品经营许可证）。
　　（2）一般危化品采购经实验室负责人—使用部门负责人—物资采购部门—安全监管部门。
　　（3）购买国家管控危化品须向单位提交申购材料一式两份，审核后一份由单位留存备案，另一份返还部门存档；
　　（4）国家管控危化品的购买凭证应在购买证有效期内购买，如因故不购买的，申购人须在收到购买凭证一周内通知单位注销此证。
　　（5）易制毒化学品必须经科技支撑部门—物资采购部门—安全监督部门—网省公司，并报公安部门审批并获得《易制毒化学品购买备案证明》后方可采购。
　　（6）易制爆化学品采购由危化品使用部门—科技支撑部门—物资采购部门—安全监督部门—网省公司逐级审核。
　　（7）剧毒类的采购按照公安部门相关规定执行。

附件 2

常用化学危险品储存禁忌物配存表

种类	危险化学品的种类和名称	配存序号	1	2	3	4	5	6	7	8	9	10	11	12	13	14	15	16
爆炸品	点火器材	1	1															
	起爆器材	2	×	2														
	炸药及爆炸性药品（不同品名的不得在同一库内配存①）	3	×	×	3													
	其他爆炸品	4	△	×	×	4												
氧化剂	有机氧化剂	5	×	×	×	×	5											
	亚硝酸盐、亚氯酸盐、次亚氯酸盐②	6	△	△	△	△	×	6										
	其他无机氧化剂②	7	△	△	△	△	×	×	7									
压缩气体和液化气体	剧毒（液氯和液氨不能在一库内配存）	8	△	×	×	×	△	△	△	8								
	易燃	9	△	×	×	×	△	△	△	△	9							
	助燃（氧及氧空钢瓶不得与油脂在同一库内配存）	10	△	×	×	×	△	△	△	△	△	10						
	不燃	11	×	×	×	×	×	×	×	×	×	×	11					
自燃物品	一级	12	△	×	×	×	△	×	×	△	△	△	×	12				
	二级	13	△	×	×	×	△	△	△	△	△	△	×	×	13			
化学危险品	遇水燃烧物品（不得与含水液体货物在同一库内配存）	14	△	×	×	×	△	△	△	△	△	△	×	×	×	14		
	易燃液体	15	△	×	×	×	△	△	△	△	△	△	×	△	△	△	15	
	易燃固体（H 发孔剂不可与酸性腐蚀物及有毒和易燃酯类危险货物配存）	16	△	×	×	×	△	△	△	△	△	△	×	×	×	×	×	16

续表

危险化学品的种类和名称			配存序号	17	18	19	20	21	22	23	24	25	26	27	28	29
化学危险品	毒害品	氧化物	17													
		其他毒害品	18													
	腐蚀物品（酸性腐蚀物品）	溴	19													
		过氧化氢	20													
		硝酸、发烟硝酸、硫酸、发烟硫酸、氯磺酸	21					1)								
		其他酸性腐蚀物品	22													
	碱性及其他腐蚀物品	生石灰、漂白粉	23													
		其他（无水肼、水合肼、氨水不得与氧化剂配存）	24													
普通物品	易燃物品	饮食品、粮食、饲料、药品、药剂类、食用油脂③④	25													
		非食用油脂	26													
		活动物③	27													
		其他③④	28													
		其他	29													
配存顺序				1 2 3 4 5 6 7 8 9 10 11 12 13 14 15 16	17	18	19	20	21	22	23	24	25	26	27	28	29

① 除硝酸盐（如硝酸钠、硝酸钾、硝酸铵等）与硝酸、发烟硝酸可以配存外，其他情况均不得配存。

② 无机氧化剂不得与松软的粉状可燃物（如煤粉、焦粉、碳黑、糖、淀粉、锯末等）配存。

③ 饮食品、粮食、饲料、药品、药材类、食品及活动物不得与贴有恶臭或异臭标志及有恶臭熏味的物品，食用油脂及活动物不得配存。以及畜禽产品中的生皮张和生皮毛（包括碎皮），以及畜禽产品污染食品异味使食品污染熏味的化工原料、化学试剂、非食用药剂、香精、香料应隔离 1m 以上。

④ 食品、粮食、饲料、药品、药材类、食用油脂与普通货物按普通货物条件贮存配存，堆放时至少隔离 2m；有注释时按注释规定办理。

注 无配存符号表示可以配存；△表示可以配存；×表示不可以配存。

附件 3

实验室试剂类危险化学品领用审批表

编号： 　　　　　　　　　　　　　　　　　日期： 　　年　　月　　日

化学品类型（只能在一个（　　）内打√）：
管控类危化品：1. 易制爆化学品（　　　）2. 易制毒化学品（　　　）3. 剧毒化学品（　　　）
非管控类危化品：一般危化品（　　　）

领用人所在部门				领用人姓名、电话			
序号	化学品名称	数量（升/克）	危险特性（易燃、易爆、腐蚀、有毒等）	用途	存放地点（具体到楼号和房间号）	是否满足安全存放条件	实验负责人签字确认

实验室负责人	
使用部门负责人	
安全监督部门	

注　1. 非国家管控危化品，由实验室负责人审批，最多可审批一周的使用量。
　　2. 国家管控危化品，经实验室负责人—使用部门负责人—安全监督部门三级审批，审批量为当日使用量。

12. 国家电网有限公司六氟化硫气体安全管理工作规范

国家电网有限公司
六氟化硫气体安全管理工作规范

第一章 总 则

第一条 为规范国家电网有限公司（以下简称公司）六氟化硫气体安全管理工作，加强六氟化硫气体全过程监督管理，提升六氟化硫气体安全管理水平，防范六氟化硫气体安全事故的发生，确保电网安全稳定运行及人身财产安全，依据《危险化学品安全管理条例》等国家有关法律法规、标准，结合公司实际，制定本规范。

第二条 六氟化硫气体安全管理工作坚持"安全第一，预防为主，综合治理""谁主管谁负责、谁使用谁负责"和"管生产必须管安全、管业务必须管安全"的方针，遵循局部利益服从全局利益，生产建设要服从安全管理的原则，实现安全生产和文明生产。

第三条 本规范适用于公司所属各级电力公司六氟化硫气体安全管理工作。公司其他涉及六氟化硫气体的单位参照执行。

第二章 安 全 职 责

第四条 设备管理部门职责。

（一）贯彻执行国家有关法律、法规，落实政府有关部门、公司、本地区危化品管理部门的规定及标准，制订本单位六氟化硫气体管理目标和任务，建立工作责任制，明晰各层级工作职责，确保管辖范围内气体管控全过程安全可靠及设备设施稳定运行。

（二）负责本单位运检业务范围内六氟化硫气体安全管理工作，落实六氟化硫气体及充气设备的安全保障措施，结合自身实际情况，组织制定有关管理工作的实施细则。

（三）负责本单位运检业务范围内六氟化硫气体及充气设备的安全检查、隐患排查，及时整改问题隐患；配合做好本专业六氟化硫气体突发事件勘察工作，配合开展抢险抢修、应急处置、事故调查等工作。

（四）负责本单位运检业务范围内六氟化硫充气设备的气体回收回充管理工作，建立业务范围内管理档案，落实相应的安全保障措施，配合省六氟化硫回收处理中心（以下简称省处理中心）开展六氟化硫气体的回收处理和循环再利用工作。

（五）负责配合制订运检业务范围内六氟化硫气体突发事件应急预案和现场处置方案。

第五条 建设管理部门职责。

（一）贯彻执行国家有关法律、法规，落实政府有关部门、公司、本地区危化品管理部门的规定及标准，建立工作责任制，确保管辖范围内六氟化硫气体管控全过程的安全可靠。

（二）负责本单位建设业务范围内的六氟化硫气体安全管理工作，建立业务范围内管理档案。

（三）负责本单位建设业务范围内的六氟化硫气体及充气设备的安全检查、隐患排查，及时整改问题隐患；配合做好六氟化硫气体突发事件勘察工作，配合开展抢险抢修、应急处置、事故调查等工作。

（四）负责配合制订建设业务范围内六氟化硫气体突发事件应急预案和现场处置方案。

第六条 环保管理部门职责。

（一）贯彻执行国家有关法律、法规，落实政府有关部门、公司、本地区危化品管理部门的规定及标准，负责管辖范围内的六氟化硫气体安全管理工作。

（二）负责本单位管辖范围内六氟化硫气体回收处理和循环再利用工作的统计、监督和检查工作，配合省公司相关部门进行考核。

第七条 安全监督部门职责。

（一）贯彻执行国家有关法律、法规，落实政府有关部门、公司、本地区危化品管理部门的规定及标准，负责本单位的六氟化硫气体监督管理工作。

（二）负责本单位六氟化硫气体采购、储存、运输、使用、回收回充等重点环节的安全监督管理，建立六氟化硫气体安全管理档案，定期开展六氟化硫气体日常运维、应急响应及抢修现场的安全管理工作的监督、检查。

（三）开展本单位六氟化硫气体基础安全管理、安全宣传工作，组织本单位六氟化硫气体作业人员的安全生产教育和培训工作。

第八条 运维检修及储存单位职责。

（一）贯彻落实各级业务管理部门和监督部门的要求，做好六氟化硫气体运维检修的各项安全管理工作。

（二）落实六氟化硫气体储存、运输、使用、回收回充等各环节的安全管理规章制度要求，落实六氟化硫气体、气瓶及充气设备的安全保障措施。

（三）负责本单位六氟化硫储存场所、使用场所的安全管理，确保六氟化硫气瓶、储存场所、使用场所安全设备设施的安全使用，落实相关管理部门制定的六氟化硫气体出入库登记、核查及六氟化硫电气设备气体压力定期巡查制度。

（四）负责本单位六氟化硫气体回收回充工作，配合相关管理部门做好本单位六氟化硫气体回收、运输及回充数据统计与录入工作。

（五）定期组织对本单位六氟化硫气体储存场所、充气设备的安全生产条件进行评估。

第三章 安 全 管 理

第一节 采 购

第九条 运检专业六氟化硫新气需求由省公司设备管理部门统一管理，每年省处理中心根据地市供电公司和省检修公司上报的气体量，结合回收再利用气体量，申报六氟化硫新气采购计划，经省公司设备管理部门审核后提出采购申请，由省公司物资部门组织实施采购，并由省处理中心组织对采购的新气进行质量检验，质量检验按《工业六氟化硫》（GB/T 12022）要求进行，定期向省公司相关管理部门报送相关数据，由省公司环保归口管理部门进行统计。

第十条 基建工程新气需求由省公司建设部门进行管理，每年由基建单位根据基建工程需要，申报基建工程六氟化硫气体采购计划，经省公司建设部门审核后提出采购申请，由省公司物资部门组织实施采购，气体质量监督由基建单位负责，按《工业六氟化硫》（GB/T 12022）要求提供六氟化硫气体抽检报告。基建工程移交的六氟化硫新气应纳入六氟化硫气体管理体系中，由地市供电公司和省检修公司负责管理，建立交接档案，定期向省公司相关管理部门报送相关数据，由省公司环保归口管理部门进行统计。

第十一条 六氟化硫新气到货后，应检查气体的安全技术说明书、安全标签、气瓶的漆色字样、安全附件、出厂质量检测报告和出厂合格证，对采购的气体量、厂家、质量证明等进行登记；新气到货后15天内，应按照《工业六氟化硫》（GB/T 12022）中的分析项目和质量指标进行质量验收，合格后方可使用。

第十二条 六氟化硫气瓶等气体包装物、容器应符合《气瓶安全监察规程》《危险化学品安全管理条例》《钢制无缝气瓶》（GB/T 5099）的规定，六氟化硫的包装标志应符合《危险货物包装标志》（GB 190）的相关规定，气瓶颜色标示应符合《气瓶颜色标志》（GB/T 7144）规定，标签应符合《气瓶警示标签》（GB 16804）规定的要求。气体包装物、容器的材质以及包装的型式、规格、方法和单件质量（重量），应当与六氟化硫气体的性质和用途相适应。

第二节 储 存

第十三条 涉及储存的单位应组织制定六氟化硫气体安全管理规章制度和出入库登记核查制度，负责所辖区域内六氟化硫储存场所的安全管理。

第十四条 六氟化硫气体气瓶应当储存在专用仓库、专用场地或者专用储存室（以下统称专用仓库）内，专用仓库应符合《气瓶安全监察规程》《危险化学品安全管理条例》的规定，设置明显的标识及相应的监测、通风、防火、防爆、泄压、防泄漏等安全设备设施，必要时应安装地面强制通风装置和六氟化硫泄漏报警装置，通风设施的开关应设置在门外。气体储存单位应对六氟化硫气体专用仓库的安全设备设施进行维护保养，定期进行检测、检验。

第十五条 六氟化硫气瓶应按照《气瓶安全监察规程》的规定进行分类、分区存放，回收的、未经检验的和检验合格的气瓶应分开存放，并注明明显标志，存放气瓶应竖放、固定、标志向外；存放时要有防晒、防潮的遮盖措施，不准靠近热源及有油污的地方，不准有潮湿和油污粘在阀门上；气瓶安全帽、防震圈应齐全并戴好。

第十六条 六氟化硫专用仓库应由经安全培训合格的专人负责管理；气体储存方式、方法以及储存数量应当符合国家标准或者国家有关规定。

第十七条 六氟化硫气体储存单位应当委托具备国家规定的资质条件的机构，对本单位的安全生产条件每3年进行一次安全评价，提出安全评价报告，并将安全评价报告以及整改方案的落实情况报所在地危化品管理部门备案。

第三节 使 用

第十八条 涉及使用的单位应组织制定六氟化硫气体安全管理规章制度和安全操作规程，负责所辖区域内六氟化硫气体使用过程的安全管理。

第十九条 地市供电公司和省检修公司根据生产运检工作需求，从省处理中心领用质量合格的六氟化硫气体，省处理中心做好出库发放记录，地市供电公司和省检修公司做好入库登记。气体使用单位负责使用过程中六氟化硫气体临时储存的安全管理。

第二十条 室内的六氟化硫设备使用场所，应按照《六氟化硫电气设备中气体管理和检测导则》（GB/T 8905）要求安装通风换气设施，抽风口应安置在室内下部，作业人员进入前应先通风 15min，换气量应达 3～5 倍的空间体积；六氟化硫设备安装场所的地面应安装气体监测报警装置，入口处应装设显示器，空气中氧含量降至 18%或六氟化硫含量达到 1000μL/L 时发出警报，发现报警时应通风、换气；六氟化硫气体使用场所应按照《六氟化硫电气设备运行、试验及检修人员安全防护导则》（DL/T 639）标准要求配置正压式空气呼吸器、防护服、护目镜等个人安全防护用品、应急处置器材和急救设施。

第二十一条 省公司设备管理部门应按《六氟化硫电气设备中气体管理和检测导则》（GB/T 8905）、《输变电设备状态检修试验规程》（DL/T 393）、《输变电设备状态检修试验规程》（Q/GDW 1168）的要求，组织人员对运行中的六氟化硫设备，进行六氟化硫气体湿度检测、分解产物检测、泄漏检测以及密度继电器和压力表校验试验。如发现表压下降应分析原因，必要时对设备进行全面检漏，若发现有漏气点应及时处理，对需补气的设备及时补气并做好记录。

第二十二条 省公司安全监督部门应每年组织参与六氟化硫气体作业的人员接受有关法律法规、规章制度、安全知识、专业技术、职业防护、应急救援知识和突发事件处置的教育培训，人员经考核合格后方可参与作业。

第四节 运 输

第二十三条 涉及运输的单位应组织制定运输六氟化硫气体的安全管理规章制度、安全操作规程及运输事故应急预案。

第二十四条 通过道路运输六氟化硫气体的托运单位，应当委托依法取得危险货物道路运输许可的企业承运。

第二十五条 托运单位应确认承运单位的相关人员已通过交通运输主管部

门考核合格，取得从业资格；应当按照运输车辆的核定载质量装载六氟化硫气体，不得超载。

第二十六条 托运单位应当向承运单位的相关人员说明六氟化硫气体的危险特性、数量及其包装物、容器的使用要求和出现危险情况时的应急处置方法。

第二十七条 装卸、搬运六氟化硫气瓶时应做到轻装、轻卸。严禁滑抛或敲击、碰撞，气瓶应妥善固定；运输六氟化硫气体应根据其特性采取相应的安全防护措施，并配备必要的防护用品和应急救援器材。

第二十八条 六氟化硫气瓶及其他容器、包装物应封口严密，能够防止气体在运输过程中因温度、湿度或者压力的变化发生渗漏、泄漏；气瓶及其他容器、包装物的溢流和泄压装置应当设置准确、起闭灵活。

第五节　回收处理和循环再利用

第二十九条 省公司设备管理部门负责组织开展本单位六氟化硫气体回收处理和循环利用工作（以下简称六氟化硫气体循环利用），依托省处理中心，组织地市供电公司和省检修公司开展六氟化硫气体回收、净化处理及充装等工作。省公司环保归口管理部门负责组织本单位六氟化硫循环利用工作的统计、监督和检查，会同省公司设备管理部门进行考核。

第三十条 六氟化硫气体的回收。

（一）六氟化硫气体的回收包括对电气设备中正常的、部分分解或污染的以及质量检测不合格的六氟化硫气体的回收。主要需要回收的情况有：① 六氟化硫电气设备压力过高时；② 对六氟化硫电气设备维护、检修、解体时；③ 设备构件需要更换时；④ 质量不合格的六氟化硫气体。回收的六氟化硫气体应做好记录，回收后统一送往省处理中心进行处理，不得任意向大气排放。

（二）六氟化硫气体的回收可采用气体回收装置、专用存储罐或存储钢瓶回收六氟化硫气体，回收污染严重的六氟化硫气体时，可选用装有再生净化处理装置的气体回收装置。气体回收装置应符合《六氟化硫气体回收装置技术条件》（DL/T 662）标准的要求，在回收过程中严格按照装置说明书进行操作，防止气体泄漏。回收使用的气瓶或专用存储罐应具有产品合格证或检验质量证明，气瓶应每五年检验一次，由使用单位负责。

（三）六氟化硫气体的回收工作流程要求：

（1）地市供电公司和省检修公司在现场对六氟化硫气体进行回收前，应按照《六氟化硫电气设备中气体管理和检测导则》（GB/T 8905）、《输变电设备状态检修试验规程》（DL/T 393）、《输变电设备状态检修试验规程》（Q/GDW 1168）中的要求进行气体检测，并对设备中气体的湿度、纯度和分解产物等项目进行分析。

（2）六氟化硫气体回收工作应按照《六氟化硫电气设备运行、试验及检修人员安全防护导则》（DL/T 639）要求做好人员安全防护，工作人员应在上风侧操作，必要时应穿戴好防护用具。作业环境应保持通风良好，户内作业要求开启通风系统，每间隔 30min 监测工作区域空气中六氟化硫气体含量不得超过 1000μL/L，含氧量不应低于 18%。

（3）将六氟化硫气体回收装置与六氟化硫电气设备连接进行气体回收，回收工作应严格按照《六氟化硫气体回收净化处理工作规程》（Q/GDW 1859）、《六氟化硫气体回收与净化处理装置技术规范》（Q/GDW 470）规定执行，回收六氟化硫气体作业人员不得少于 3 人，六氟化硫设备回收终止压力≤0.01MPa，可视为设备内气体完全回收，回收后的六氟化硫气体储存在专用钢瓶中，气瓶颜色标志和标签应符合《工业六氟化硫》（GB/T 12022）有关规定，分类存放。

第三十一条 六氟化硫气体的净化处理。

（一）地市供电公司和省检修公司回收后的六氟化硫气体统一送至省处理中心集中净化处理并进行检测，达到《工业六氟化硫》（GB/T 12022）新气质量标准后，储存在省处理中心的专用仓库中。

（二）六氟化硫气体的净化处理装置应符合《六氟化硫处理系统技术规范》（DL/T 1353）标准的要求，在净化处理过程中严格按照《六氟化硫安全操作规程》要求进行操作。

（三）六氟化硫气体的净化处理工作流程要求：

（1）省处理中心在对回收的六氟化硫气体进行净化处理前，应进行取样检测，检测项目和方法应按照《工业六氟化硫》（GB/T 12022）、《六氟化硫电气设备分解产物试验方法》（DL/T 1205）要求执行，以便了解气体的质量状况。根据气体的质量情况，按照《六氟化硫电气设备中气体管理和检测导则》（GB/T 8905）制定相应的气体处理方案进行处理。

（2）利用六氟化硫净化处理装置对回收的六氟化硫气体净化后，存储于专用干净气瓶中，净化处理工作应严格按照《六氟化硫气体净化处理工作规程》（DL/T 1553）、《六氟化硫气体回收净化处理工作规程》（Q/GDW 1859）开展。

（3）省电科院对净化处理后的六氟化硫气体质量进行监督检测，经检测达到新气质量标准后，贴上标签存放在省处理中心专用仓库中，对于检测不合格的六氟化硫气体，必须由省处理中心重新进行净化处理。

第三十二条 六氟化硫气体的充装。

（一）地市供电公司和省检修公司根据生产实际情况，向省处理中心报送气体需求，领用质量合格的六氟化硫气体，并使用六氟化硫回充设备将气体充入至六氟化硫电气设备中，实现循环利用，其过程应严格按照《工业六氟化硫》（GB/T 12022）、《六氟化硫电气设备中气体管理和检测导则》（GB/T 8905）和《六氟化硫电气设备气体监督细则》（DL/T 595）等规定执行。

（二）六氟化硫气体的充装工作流程要求：

（1）地市供电公司和省检修公司进行六氟化硫气体充装作业时，充气前所有管路、连接部件可能残存的污物均应清理干净，防止引入外来杂质。连接管路时操作人员应当佩戴好防护用具。作业环境应保持通风良好，周围环境湿度应不大于 80%，同时开启通风系统，避免六氟化硫气体泄露到工作区，每间隔30min 监测工作区域空气中六氟化硫气体含量不得超过 1000μL/L，含氧量不应小于18%。

（2）对设备抽真空是净化和检漏的重要手段，应严格按照《六氟化硫气体净化处理工作规程》（DL/T 1553）要求，充气前设备应抽真空至133Pa，再继续抽气 30min，停泵 30min，记录真空度（A），再隔 5h，读取真空度（B），若 $B-A$ 小于 133Pa，即可进行充气操作，否则应进行处理并重新抽真空至合格为止。

（3）利用六氟化硫回充设备将质量合格的六氟化硫气体充入六氟化硫电气设备中，气体充装工作流程应严格按照《六氟化硫气体净化处理工作规程》（DL/T 1553）、《六氟化硫气体回收净化处理工作规程》（Q/GDW 1859）开展。

（4）充装结束 24h 后，应对设备中六氟化硫气体进行湿度、空气、CF_4、密封性等项目进行检测，并符合《电气装置安装工程电气设备交接试验标准》（GB 50150）和《六氟化硫电气设备中气体管理和检测导则》（GB/T 8905）要求。

第三十三条 地市供电公司和省检修公司负责辖区范围内六氟化硫气体回收、运输、领用回充数据统计与录入工作，省处理中心应定期统计、上报六氟化硫气体循环再利用情况，协助省公司做好六氟化硫气体循环利用监督工作；省电科院对六氟化硫气体循环利用工作进行技术监督，负责对净化处理后的六氟化硫气体质量进行检测，协助省公司做好六氟化硫气体信息数据统计分析工作。

第四章　应急管理及事故处理

第三十四条　公司各级单位应按照公司应急工作管理规定，建立健全本单位六氟化硫气体应急管理体系。

第三十五条　公司各级单位应完善六氟化硫气体突发事件应急预案和现场处置方案，配备必要的应急救援装备、物资和应急救援人员。应急预案应在省公司安全监督部门、上级归口部门备案，如有要求，还应报所在地设区的市级人民政府应急管理部门备案。

第三十六条　公司各级单位应定期开展不同层面的应急理论、技能培训，开展多种形式的应急演练，提高员工应急意识和预防、避险、自救、互救能力。

第三十七条　发生六氟化硫气体事故时，事故单位主要负责人应当立即按照本单位六氟化硫气体突发事件应急预案组织救援，并按照《国家电网有限公司安全事故调查规程》要求逐级上报，同时应向当地政府有关部门报告，并为政府等外部救援力量提供技术指导和必要的协助。

第三十八条　六氟化硫气体事故的上报、调查等工作分别按照《国家电网有限公司安全事故调查规程》有关条款执行；事故的考核、处罚按照《国家电网有限公司安全工作奖惩规定》有关条款和其他相关文件要求执行。

第五章　检 查 与 考 核

第三十九条　安全监督部门应结合日常安全检查、专项安全检查等工作，对涉及六氟化硫气体的设备设施、施工场所、专用仓库等进行监督检查。

第四十条　职能管理部门按照职责分工，对六氟化硫气体的采购、储存、运输、使用、应急管理进行安全检查、隐患排查和督促整改，以及开展六氟化硫气体循环再利用情况检查。

第四十一条　各单位可根据具体情况制定相应的奖惩办法，对六氟化硫气体排险除患、应急处置和科技创新工作中做出显著成绩的集体和个人给予表彰和奖励。

第四十二条　因六氟化硫气体日常管理缺失、指挥调度失误、信息传递不畅、抢险抢修不力等造成重大损失或社会影响的，应按奖惩办法追究相关人员的责任。

第六章　附　　则

第四十三条　本规范由国家电网有限公司安全生产委员会办公室负责解释并监督执行。文中引用的文件，其最新版本（包括所有的修改单）适用于本规范。

第四十四条　本规范自发布之日起施行。

编 写 组

主 编　陈　刚
副主编　王理金　曹坤茂　张　洋　冯林杨
成　员

《国家电网有限公司危险化学品安全管理办法（试行）》
　　　　王　勇　孔凡伟　吕　岳　高振府　柳锦龙
　　　　郝　森　赵　灿　孙东晗　刘阳阳

《国家电网有限公司民用爆炸物品安全管理工作规范（试行）》
　　　　李国和　罗　涛　高俊波　王吉康　丛中方
　　　　张麟征　王严龙　高国庆　李少春　李　显

《国家电网有限公司剧毒、易制毒及易制爆化学品安全管理工作
规范（试行）》
　　　　李　旭　王　永　刘　振　邓　亚　陈　英
　　　　马　月　曲伟业　王清华　路遥遥

《国家电网有限公司酸碱类危化品安全监督管理规范（试行）》
　　　　邢　焱　张　平　李畔畔　赵正凯　方　哲
　　　　张少冲　要海龙　张志强　高　慧　郑卫卫

《国家电网有限公司实验室试剂类危险化学品安全管理工作规范
（试行）》
　　　　陈永红　张书琦　岳　雷　杨芳利　甄为红
　　　　胡　晨　郭建良　杨久蓉　范志刚　周　岩

《国家电网有限公司六氟化硫气体安全管理工作规范（试行）》
　　　　邓佳翔　郝振昆　马　锋　刘安畅　聂卫刚
　　　　石　磊　孙宏伟　李　欣　张　琛